学会动手动脑读本

主　编：李长征　唐　婧

副主编：李　娜　杨　华　张　斌　王可安
苟美汉

编　委：艾　伟　丛李方　董俭嵘　高建芳
高　群　韩瑞芬　韩理理　李忠宝
刘晓慧　任　伟　王　珉　韦　达
王桂灵　谢桂真　朱瑞景　祝洪海
张　静　牛　童　梁　顺

中国海洋大学出版社
·青岛·

图书在版编目（CIP）数据

学会动手动脑读本／李长征，唐婧主编．—青岛：中国海洋大学出版社，2019.7

ISBN 978-7-5670-2323-9

Ⅰ.①学…　Ⅱ.①李…　Ⅲ.①素质教育－职业教育－教材　Ⅳ.①G711

中国版本图书馆CIP数据核字（2019）第161755号

学会动手动脑读本

出版发行	中国海洋大学出版社
社　　址	青岛市香港东路23号　　邮政编码　266071
网　　址	http：//pub.ouc.edu.cn
出 版 人	杨立敏
责任编辑	张　华
电　　话	0532-85902342
电子信箱	zhanghua@ouc-press.com
印　　制	青岛海蓝印刷有限责任公司
版　　次	2019年9月第1版
印　　次	2019年9月第1次印刷
成品尺寸	185 mm × 260 mm
印　　张	6.75
字　　数	144千
印　　数	1 ~ 2600
定　　价	35.00元
订购电话	0532-82032573（传真）

发现印装质量问题，请致电13335059885，由印刷厂负责调换。

“三会成就人生”丛书

前言

“学会做人做事、学会动手动脑、学会生存生活”的“三会”教育成就学生蓝色梦想。本书“学会动手动脑”作为“三会”教育的重要组成部分，用案例的方式诠释技能人才成长道路，体现出来的是“工匠精神、海洋特征、青岛风格、海校品质”。

工匠精神。本书以“执着专注、精益求精、创新进取”的工匠精神为统领，以“锲而不舍、专心致志、淡泊宁静，严谨求是、一丝不苟、追求极致，艺无止境、推陈出新、勇攀高峰”的工匠精神特征为框架，以丰富感人的模范人物的事迹为血肉，构建起“学会动手动脑成就人生”的完整体系。

海洋特征。工匠精神不仅体现在传统手工业、现代制造业中，同样体现在社会生活的各个方面。“冒险进取、顽强拼搏、不畏孤独、挑战自我”的航海精神与工匠精神有共通之处。

青岛风格。青岛作为近代随着中国工业化而兴起的滨海城市，工匠精神、海洋特征正是青岛的风格。20世纪70年代“细纱工作法”创建者郝建秀、80年代“振超效率”创造者许振超、90年代“亚丁湾护航”劳模迟登亮、40年“团岛守塔人”王炳交，这些英模人物，正是青岛工匠精神特别是与海洋相关的工匠精神的最好体现。

海校品质。青岛海洋技师学院，60年来发展海洋职业教育，助推半岛蓝色经济发展，成就学生人生梦想，为社会培养了大批优秀人才。学校培养他们学会动手动脑，用手和脑来成就自己人生，践行着“执着专注、精益求精、创新进取”的工匠精神。本书选取其中的部分代表，用他们的典型事迹来展现海校人弘扬工匠精神的优秀品质。

编 者

2019年5月

目录

第一篇　执着专注　/　1

1. 锲而不舍　/　2

2. 专心致志　/　10

3. 淡泊宁静　/　23

第二篇　精益求精　/　35

1. 严谨求实　/　36

2. 一丝不苟　/　46

3. 追求极致　/　56

第三篇　创新进取　/　67

1. 艺无止境　/　68

2. 推陈出新　/　77

3. 勇攀高峰　/　91

第一篇
执着专注

1. 锲而不舍

2. 专心致志

3. 淡泊宁静

1

锲而不舍

生活就像海洋，只有意志坚强的人，才能到达彼岸。

——马克思

案例 1

用生命诠释诗和远方

1998年6月12日深夜，漆黑的爱尔兰海上发生了一起令法国航海界心碎的悲剧。他们的传奇水手埃里克·塔巴雷当时正驾驶一艘三体船驶向苏格兰，突然船体发生晃动，一根桅杆把66岁的他打落水中……

9年后，一个中国男子来到塔巴雷曾经生活过的法国西海岸的拉特里尼泰。他42岁了，已是功成名就，用他的话说，本来可以在自己简历上继续写上“某某公司总经理，首席执行官之类的头衔”。但他毅然抛弃悠闲的生活，万里迢迢来到法国帆船“圣地”学习航海。他说，他不愿意再庸庸碌碌地活下去了。他需要一个更广阔的舞台去释放自己的激情，发现自我。他选择了大海。他在拉特里尼泰租下一套房子，这里以前住着塔巴雷的遗孀，这是他感受偶像塔巴雷的最直接的方式。6年后，他完成了震惊世界航海界的壮举，创造了国际帆联认可的40英尺级帆船单人不间断环球航行的世界纪录。2015年，他带领船队首次成功穿越有“死亡航道”之称的北冰洋东北航道，书写了人类航海史上的瑰丽篇章，令欧美同行叹服，并因此被称作“东方的塔巴雷”。他就是郭川，用生命诠释诗和远方的中国航海第一人。

郭川——中国著名航海家

郭川1965年出生于山东青岛，1987年毕业于北京航空航天大学，并随后在北京大学取得MBA学位，曾参与过国际商业卫星的发射，后成为职业竞技帆船赛手。

一、航行大海

2012年11月18日，郭川从青岛出发，开始单人不间断环球航行，向世界纪录发起挑战。

2012年12月4日北京时间上午10点42分，郭川驾驶“青岛号”穿过赤道，正式开始了在南半球的航行。

2012年12月26日凌晨1点25分，郭川驾驶“青岛号”帆船穿越了国际日期变更线，重新回到12月25日，迎来了自己的第二个圣诞节。

2013年1月19日，“青岛号”帆船抵达南美洲最南端的合恩角，郭川成为第一个单人不间断环球航行过合恩角的中国人。

2013年1月25日，郭川绕过位于阿根廷东海岸罗萨莱斯港附近的绕标点，标志着环球航行过半。

2013年2月13日，郭川驾驶“青岛号”经过非洲好望角，正式开始了在印度洋上的航行。

2013年2月24日，中国传统的元宵佳节，这一天也意味着郭川充满波折与挑战的环球之旅进入了第100天。

2013年3月20日，“青岛号”驶入南中国海，并在中国领海上完成最后的航程。

2013年4月5日7时59分06秒，郭川驾驶“青岛号”回到了原点，完成环球航行。

在经历了138天、2.16万海里的艰苦航行后，单人不间断环球航行中国第一人郭川，终于回家了！等不及帆船靠岸，郭川一头扎进冰冷的海水里，奋力游上岸，跪在妻子和两个儿子面前，热泪长流：“我，活着回来了！”

2015年9月16日，郭川和他的国际团队驾驶“中国·青岛”号帆船冲过白令海峡的终点线，用时12天3个多小时横穿北冰洋驶入太平洋，航行约3240海里，创造了人类第一次驾驶帆船采取不间断、无补给方式穿越北极东北航道的世界纪录。

2016年10月，中国船长郭川在美国旧金山经过一段时间的休整和准备，确定于18日起航，挑战单人不间断跨太平洋航行的世界纪录。北京时间2016年10月25日，郭川失联。

二、“独立精神、自由思想”之人生境界

热衷于航海的郭川写过一篇坦露心迹的日记《执着的人是幸福的》：“茫茫大海，一叶扁舟，孤身一人，动辄数月。孤独、抑郁、恐惧……甚至数度与死神擦肩而

过。追随内心的人更执着更幸福。”

但凡追随内心的人，干的都是自己真正喜欢干的事，往往沉迷其中，坚韧执着，甚至为之疯狂。幸福，就在其中。幸福是一种感觉。这种幸福，是内心深处无可替代的巨大获得感、自我实现的巨大满足感。自己真正喜欢干的事，无论成功与否，成就大小，无不乐在其中，享受过程，这是一个人开心幸福的最大源泉。非有追随内心经历者，恐难有此福缘。郭川上有老、下有小，放弃安逸的生活，追随内心，冒险远航，把自己置于危险之中，也曾被质疑自我、自私。瑕不掩瑜，见仁见智。真正给郭川带来幸福感的，不是“中国航海的一面旗帜”“打破世界纪录”等显赫的荣誉、地位，而是置身于茫茫大海之上，彻底得到释放的自由的灵魂，彻底得到释放的激情。

三、奥帆精神，青岛精神

作为中国职业航海家，郭川用辉煌书写了色彩斑斓的人生奇迹，用壮举铭刻了中国职业帆船运动的丰碑，成为用生命创造航海奇迹的“中国职业帆船第一人”。为纪念他辉煌而短暂的一生，青岛为郭川设立了纪念雕塑，并将纪念雕塑选址于奥帆基地。

这不仅仅是对郭川本人的纪念，也是对奥运精神的弘扬和传承，更是对青岛城市人文精神的一种提升。

小幽默

奇迹

有人问一位航海家：“你在海上游历了那么多年，一定遇见过不少奇迹吧？”

“最大的奇迹是我平安无事地登上了陆地。”航海家说。

小知识

船长

船长是指依法取得船员资格，取得适任证书并受船舶所有人雇用或聘用，主管船上的行政和技术事务的人。船长，是船上的最高指挥者。船长在我国与轮机长、大副、二副、三副、大管轮、二管轮、三管轮等并称高级船员。德国、日本等国也是如此。在英、美等国，船长不属于船员，而单独作为一种职业。船长在我国也是一个职称，“船长”是中级职称，“高级船长”是高级职称。现在在我国有很多非船员的职业也多由或者必须由具有船长资质的人来担任，比如海事调查官、航运公司或国际船舶管理公司的海务部、船务部负责人以及指定人员等。

案例 2

开普敦为我鸣笛

天下无不散之筵席。越过好望角之后，沃尔夫冈夫妇就要与我分手了。

开普敦距离好望角不过50多千米行程。我们带着胜利者的骄傲和喜悦一路开到开普敦。风浪里消耗了太多东西，我必须在开普敦好好休整一番。

“日照号”也被悬吊起来做全面检查。离开开普敦，下一个大站将是巴拿马，中间不会再有更多补给和歇脚的地方，所以出发之前一切必须达到最佳状态。

我自己也是。在开普敦的一个多月时间里，我拿着相机左拍拍、右拍拍，和港口里一些美国人、澳大利亚人、新西兰人一起玩船、交流，和开普敦当地的画家一起切磋，时光如水般流过，我要把那些美好的回忆和当地的朋友都拍成相片，不能让西风把时间都吹走了。

下一次来这里，不知何年何月。

2008年1月10日，是我出发的日子。前路是茫茫大西洋。

我从报纸上获得消息，3个月前，德国航海家多米尼克·格利茨驾驶一艘特制的仿古芦苇船，从美国纽约的曼哈顿港启程，准备利用两个月时间横穿大西洋。但后续的消息我没有看到。另外，14岁的英国男孩迈克尔·佩勒姆已经驾驶游艇，完成从英国到加勒比海岸的航海之旅，成为历史上独自横跨大西洋的年龄最小的人。

这个地球的表面，有接近十分之七是海洋，原来这里面帆影如织，原来挑战生命极限的人是这么多，原来我并不孤单。

早上6时，在开普敦结识的朋友阿风来送我，给“日照号”做好了补给。8时左右，刚结识的华侨朋友刘佳、黄建德也来了，并且带来了可口的早餐，我赶快摆开架势和他们分享。我们边吃边聊着有关我未来航路的事宜，数日来的朝夕相处让我们有了很多的默契，当说到一路顺风的时候，小姑娘刘佳默默地看着我，没有说话，我知道，祝福已经在她的心里了。这时，海蒂给我送来了未来五天的天气预报信息和礼品，我动情地拥抱了这位老人，感觉像在拥抱一片辽阔的海洋。

从开普敦的港口出发，风帆鼓起来，在开普敦认识的一大帮子朋友都在码头上向我挥手，祝我一路顺风。让我惊喜不已的是，在林立的帆船之间穿行的时候，忽然这些帆船都开始鸣笛，“呜——”“呜——”“呜——”，原来是那些美国朋友和澳洲的朋友们，他们也已经成为我的至交，如今用这种方式送我踏上征程。

刹那间我被震撼了，更多的则是感动。并非所有人都是我的朋友，其中很多人与我素不相识。但是他们认得我船尾的国旗，他们知道那是中国的国旗。几个世纪过去了，只有西班牙、葡萄牙、荷兰、英国等国家的舰队扬着帆从好望角经过，去征服东方世界，却从没有中国的帆船绕过好望角，来看看大西洋的模样。他们一定很惊异，这个叫翟墨的人，驾着一条12米长的二手帆船，束着长发，“轻舟已过万重山”一般渡过好望角。这笛声是在向我致敬，向我的国家致敬。中国人到过这里，也就意味着，中国来了！我重复熟悉得不能再熟悉的动作，用辅助动力把“日照号”开到开阔的水面，让船头迎风，然后用手及全身的力量抓紧绳索升起主帆、头帆。一切准备利索后，我站在舵前向朋友们挥手告别，望着海蒂夫妇及众多的好朋友们，我很是依依不舍。整个开普敦港响成一片，那些不明就里的人引颈观望，他们大概可以看到一艘蓝色帆船驶出港湾，直到变成海平线外的一缕风声。

——摘自中国航海家翟墨《一个人的环球航海》，有改动

一、从山里走出来的航海家

翟墨——航海家、艺术家

长长的披肩发，黑红色的皮肤，魁梧的身材和棱角分明的脸膛，这就是翟墨，航海家、艺术家，1968年出生，山东新泰人，在家排行老六。他在巍峨的泰山边上长大，大海是山那边的一个梦。大学毕业后他成为印象派油画家。

1999年，他在新西兰国家艺术中心举办画展，认识了一位来自挪威的老航海家，后者为躲避南太平洋的季风，只能暂时把船停靠在奥克兰港。

“已经不记得去过多少个国家，我航海大半辈子，从没有碰到过中国人。”这句话激起了翟墨的航海冲动，他花40万元人民币在新西兰当地买了一艘帆船，开始了他的近海航行，自此，他便从一个画家变成了航海家。

翟墨说，航海是探险不是冒险，不凭侥幸。他虽不是航海专业出身，但是他却有着比专业还专业的经验，已经超越了航海学院能理解的东西。他曾说过，远航必须考虑生命的价值，所以你会把能掌握的尽快掌握。

2000年2月至2001年8月，翟墨自驾帆船环新西兰一周，考察当地波利尼西亚土著文化，同年9月在奥克兰艺术中心举办画展。

2001年9月，他自新西兰奥克兰驾8米帆船再次出征，跨越南太平洋马德克和汤加两大海沟，遍访南太平洋诸岛国。

2003年3月18日，自驾帆船从大连启航，经过55个昼夜的航行，航程7600多海里，到达海南三亚市，圆满完成了“中国海疆万里行”。

2007年1月6日至2009年8月16日，他从中国日照起航，经过8个季节的轮替，沿黄海、东海、南海出境，过雅加达，经塞舌尔、南非好望角、巴拿马，穿越莫桑比克海峡、加勒比海等海域，横跨印度洋、南大西洋、太平洋，经过了亚洲、非洲、南美洲、北美洲的15个国家、地区和岛屿，完成了中国首次无动力帆船环球航海。

2009年8月16日，中国帆船帆板运动协会授予翟墨“单人无动力帆船环球航海中国第一人”荣誉称号。9月9日，国家海洋局聘请翟墨为“海洋公益形象大使”。

2010年2月11日，翟墨当选为2009“感动中国”十大人物。

2015年4月至9月，领航“2015重走海上丝绸之路”大型航海活动，带领船队从福建起航，途经新加坡、马来西亚、斯里兰卡、埃及、马耳他、意大利、希腊、土耳其8个国家，在沿途各国进行了文化艺术经贸交流活动，并在2015米兰世博会中国馆举行了主题日活动。

2016年6月21日，“2016重走海上丝绸之路”活动在秦皇岛市海港区秦皇求仙入海处起航，由翟墨驾驶“翟墨号”，率领“秦皇岛号”帆船航海船队出发前往韩国、日本。10月12日，发起“太平洋杯”国际帆船赛。

二、坚持对成功具有无限价值

翟墨旅居过法国、新西兰，多次举办个人画展，从事西方美术史和太平洋、非洲土著文化的研究。对于他的航海事业，他说，坚持对成功具有无限价值。

谈到航海经历，他说：“浅海的水是蓝色的，但是到了深海，都是灰黑色的，越深越黑。海的美是两极的，有风平浪静的，也有狂风巨浪的。作为航海人，没遇到恶劣的天气，就感觉不到航海的魅力。”海上航行最常见的是日出日落、满天繁星，他开玩笑说自己应该是看到过星星最多的人。

单人环球航海是一个充满惊险的艰辛的旅程，极大地挑战着人对自身生存能力的极限。他在印度洋中经历了5天5夜的狂风暴雨；连续120个小时手不离舵达到虚脱的边缘；被海盗在海上跟踪了三四个小时……翟墨用力量、意志和智慧与风浪搏击，战胜了死神和孤独。

在翟墨的众多航海经历中，他遇到过很多危险的时刻，印象最深的是有一次碰上11级飓风和深海地震一起发生。当时船舱都被水淹了，帆已经被刮成一条一条的，脚上还划了一个口子。“天色已经发黄，海都是黑灰色的，我尽可能什么都不想。”被困在两平方米的甲板上，那一刻翟墨完全不知道下一步是生还是死。风浪稍稍过去之后，他挣扎着爬起来，去船舱内找到医药箱，自己打麻药、缝针。

有一次，他的方向舵被风浪打断，只能靠人力掌舵支撑。5天5夜之后，没有等到救援的翟墨冒险向印度洋上的一个小岛靠近。每个刚认识翟墨的人都会问他害不害怕，他的回答永远都是：“我不是在和风浪搏斗，而是在和自然进行直接的、透骨的交流。如果在航海的过程中没有遇上大浪和飓风，也体会不到其中真正的乐趣。在深海航行时不会有任何人来救你，你自己就是一切。”

除了危险，单人环球航海还要遇上另外一个问题——孤独。但在翟墨看来，孤独并不那么可怕，它是可以被享受的。翟墨是个能够耐得住寂寞的人，他最喜欢一个人在海洋深处徜徉，可以尽情地感受着属于自己的海阔天空。有一次，一条鲨鱼曾经出现在翟墨的帆船旁边，一直保持10米左右的距离跟了他一天一夜。

三、900天单人环球航行

办公室的地上，3幅油画随意放着。每一幅画的都是大海，深色的海水，糟糕的天气和一艘孤帆被浪掀起。

画中场景都是翟墨在航行时见到的景象，主要都来自那次900多天的环球航行。2007年1月6日，翟墨从日照起航，从南海出境，途径雅加达、马达加斯加、好望角、巴拿马，穿越莫桑比克海峡、加勒比海等海域，跨过印度洋、大西洋、太平洋，于2009年8月16日返回日照，成为第一位驾驶单人无动力帆船完成环球航海的中国人。

这次航行，不但使翟墨声名鹊起，也彻底改变了画家翟墨的绘画风格。翟墨以前喜欢用很艳丽的色彩，拿大刷子往画布上刷，很奔放。现在画的全是海上的景色，常常比较压抑，这和他航行时候的体会有关。在外人的想象中，海洋是湛蓝的，但翟墨笔下的海常是墨汁的颜色。

有一次，远洋船员看过画以后，很激动地和翟墨说，只有真正去过大洋深处的人，才能知道海是这样的，在近岸永远无法体会。

最初计划的环球航行将历时9个月，总航程3000多海里，但最终用了900多天。

远航会遇到诸多未知因素，当实际航行天数超过预估过多时，船员会变得烦躁。通常翟墨一天会记3次航海日志，标明时间、经纬度、航向、航速、风力，并简短地记上几句话。他还常用油画棒画自己看到的场景，当作航海日志。但超出航程或遇到麻烦时，烦躁还是会出现，翟墨两小时就会看一次GPS，确定自己的航线，油画棒更是不愿意拿起。这种心情其实是单人远航的常态。

“每次出海都对风浪怀着恐惧，每次感觉都不一样，没人敢说对某个海域了如指掌。”

直到现在，翟墨的船舱里还摆着观音、妈祖、圣母玛利亚，这些都是他的朋友为他从各地请来的。翟墨说真正接触大海后，就会对海有敬畏感，出海的人大多有虔诚的信仰。

四、中国梦，海洋强国梦

远古的时候我们从海洋中来，如今我们还要到海洋中去。由于历史原因，中国人在最近几百年间远离了海洋，一些欧美学者说中国的文化是“黄土文化”。翟墨环球航海向世界昭示：中国人结束了郑和下西洋之后600多年无人航海的漫长历史。这既是翟墨个人的荣耀，也是民族乃至世界友人的骄傲。翟墨驾驶着悬挂中国国旗的无动力帆船，用自己的行动再次证明了炎黄子孙面对海洋的勇气、豪情、信念和智慧；充分体现了中国人百折不挠、自强不息的伟大民族精神。

正如2009“感动中国”十大人物颁奖辞所言：“古老船队的风帆落下太久，人们已经忘记了大海的模样。600年后，他眺望先辈的方向，直挂云帆，向西方出发，从东方归航。他不想征服，他只是要达成梦想——到海上去！一个人，一张帆，他比我们走得都远！”

中国梦，海洋梦，强国梦！从徐福、汪大渊、郑和到翟墨，我们从远古走来，从海洋走来，跨越历史，走过屈辱，今天的中国，正在意气风发地走向新时代，走向海洋强国的未来！

2017年6月，航海家翟墨来到青岛，来到青岛海洋技师学院为师生做报告，并在青岛海洋技师学院建立青岛翟墨工作室，开展航海教育活动。

• 小幽默

船长和大副有矛盾。

有一天，大副在饭前喝了一杯酒，船长在航海日志上写道：“今天大副喝醉了。”

第二天，船长在吃饭时喝了一杯酒，大副在航海日志上写道：“今天船长没喝醉。”

2

专心致志

人的思想是了不起的，只要专注于某一项事业，就一定会做出使自己感到吃惊的成绩。

——马克·吐温

案例 3

一个少年的远行梦

中国古代航海家——汪大渊

两宋以来，江西人文荟萃，灿若群星，涌现出一大批文人学士，如王安石、黄山谷、朱熹、文天祥等。当时江西书院数量之多，几乎占到全国一半，进入元代以后，虽然科举不受重视，但教育风气不减。汪大渊天资聪颖，博览群书。在学堂里，汪大渊与其他读书的孩子明显不同，他从小胸怀大志，对外面的世界充满向往，决心游遍天下名山大川。汪大渊对《史记》爱不释手，反复诵读。文中司马迁将中国南北不同的地理、自然、物产、商业等情况一一道来，王大渊完全沉浸在书中，更被司马迁深入调查、精益求精、严谨著史的精神感动，不知不觉中，一个读万卷书、行万里路、著书立言的野心在他心里生根发芽。

这一切，都始于少年时一个漂洋过海、踏浪远行的梦想。汪大渊收集了许多记载各地逸闻趣事和风士人情的地理著作，尤其是对周去非的《岭外代答》和赵汝适的《诸蕃志》格外痴迷，这两部宋人关于海外地理的游记，在少年汪大渊的心中埋下了一颗蓝色的种子。

元朝时，海外贸易以广州和泉州为主要物流港口，尤其是泉州，因为靠近江南这个中国文化经济中心，地理位置得天独厚，发展更加迅速，大多数来华的商船都要停靠泉州港。

1291年，在中国生活了17年的马可·波罗从泉州起航，返回意大利。1346年，摩洛哥的伊本·白图泰从泉州上岸，进入中国。元文宗至顺元年，也就是公元1330年，20岁的汪大渊搭远洋商船，从泉州港出发，开始了一场世界之旅。

一、被遗忘的“东方马可·波罗”

说到航海家，最先到嘴边的那位人物一定是明代七次下西洋的郑和。但是有这么一个人，虽然不曾拥有同郑和般宣扬国威的船队，但他的海洋探索之旅（1330年）却比郑和（1405年）早了整整75年。他花了5年时间、踏访了海上丝绸之路的220多个国家和地区，在第二次航行回来后把所见所闻整理成《岛夷志略》。更值得一提的是，他比欧洲人早200年发现大洋洲，这甚至是郑和七下西洋都没有到达的地方，这位鲜为人知的元代民间航海家就是被誉为“东方马可·波罗”的汪大渊。

汪大渊，这个名字对于我们来说可能过于陌生，这也难怪，有关汪大渊的史料极其稀少，甚至他老家南昌的地方志中都查无此人，而在明代中期实行海禁后，汪大渊的事迹更是少见。要想了解这位海上丝绸之路的领航人，不得不提到他写的航海书——《岛夷志略》。

至顺元年（1330年），从泉州港搭乘商船出海时，汪大渊只有20岁，同时他也把命运托付给了一条船。他要去看看不一样的远方，这一走就是5年，他途经中国的海南岛以及占城（今越南中南部）、马六甲、爪哇、苏门答腊、缅甸、印度、波斯、阿拉伯、埃及，横渡地中海到摩洛哥，再回到埃及，出红海到索马里、莫桑比克，横渡印度洋回到斯里兰卡、苏门答腊、爪哇，经大洋洲到加里曼丹、菲律宾返回泉州。

说他是个航海家，不如说他是一个不折不扣的旅行家，因为在两年之后，汪大渊再次从泉州出发，开始了他的第二次世界之旅。

9年时间（1330年—1339年），他两度自费“穷游”出海远洋，横跨欧亚大陆，并且留下了一部历史地理著作《岛夷志略》，郑和七下西洋时也曾参考此书。作为中国古代靠自己努力旅行了大半个世界的人，作为海上丝绸之路的领航人，他在中国航海史上留下了浓墨重彩的一笔。

二、看遍天下奇闻逸事

在航行过程中，汪大渊每到一个地方，对所见所闻、地理山川、物产货币以及当地人的衣食住行、民情习俗和奇闻逸事都做了详细的记录。

《岛夷志略》中记载三佛齐（今苏门答腊岛）的居民“喜洁净，故于水上架屋”，表明这个国家的人喜欢整洁干净的环境，所以就把房子建在水上。

又说爪哇（今印度尼西亚）“地广人稠，实甲东洋诸番”，说明当时印尼人口稠密，国家实力在东洋各国中领先。

当到了文诞（今班达群岛），他发现当地人“日间畏热、不事播种、月夕耕翻、渔猎、采薪、取水”，将生活在热带的人白天怕热不活动、晚上才出来劳作的生活方式记录了下来。

值得一提的是，在《岛夷志略》中有两节详细记载了大洋洲的风土物产，是见诸于世有关大洋洲最早的文字记载，而在200年后欧洲人才知道世界上有大洋洲的存在。

汪大渊在书中还对我国台湾岛（琉球）、澎湖列岛有详细的记载，这恰好是郑和下西洋的一个空白点，也是17世纪以前对我国台湾岛最详细的历史记录。惊人的是，他对我国台湾食人族还有一段恐怖的记载：“余登此山，则观海潮之消长……知番主酋长之尊，有父子骨肉之义，他国之人倘有所犯，则生割其肉以啖之，取其头悬木杆。”

这些奇闻逸事在当时的人们看来相当不可思议，曾跟随郑和一起下西洋的马欢和费信在出海前都仔细研读了《岛夷志略》，对书中记载的内容提出了质疑，认为天底下的国家不可能有那么大的区别，直到亲身游历了西洋各国后，才知道书中说的都是真的。

汪大渊以及他的这段海上之旅通过《岛夷志略》展现在了人们面前，他精心绘制了半个地球与一条完整的海上丝绸之路。这本书看不到大国的国威和旅途的惊心动魄，20多岁的他为探索未知世界而勇闯海洋，从容地走着自己的路，安静地讲述着一个很长的故事、一段属于他也属于世界的奇幻漂流之旅。我们的历史是势利的，它会记下帝王将相的一切琐事，但往往却将那些才智过人、造福社会的仁人志士付之阙如。我们今天所能看到的只有《岛夷志略》，翻遍各种官方史志，几乎都难以寻见关于汪大渊的片语记载。或者，这也符合汪大渊本人的性情，按照中国的传统，一个真正的英雄往往也是谦逊的隐士。

三、这条路在世界掀起中国热

海上丝绸之路，1913年由法国的东方学家沙畹首次提出，但是它早在秦汉时期就初具雏形，到了唐宋元逐渐达到鼎盛时期，中国通过海上丝绸之路同世界60多个国家进行着商贸往来，让瓷器和茶叶在世界范围内掀起“中国热”。作为已知最为古老的海上航线，海上丝绸之路无论是在历史文化还是在经济方面都有重要意义。

基于历史，2013年“21世纪海上丝绸之路”构想的提出，使这条最古老的航线得到了更多的重视与保护。2016年，泉州、广州等8个城市共31个遗产点被列入首批海上丝绸之路文化遗产，贯彻了国家“一带一路”倡议。

海上丝绸之路的文化遗产旅游，使原来的旅游热点更热，一些名不见经传的文化古迹成为闻名中外的旅游胜地。2000多年来，海上丝绸之路与陆上丝绸之路共同构成了东西方文化交流的桥梁，如今这条路更在文化旅游、区域繁荣和全球经济发展方面绽放出了新的生机活力。

与马可·波罗、哥伦布或者郑和相比，汪大渊仅为一个布衣商人，无权无势，其远航之举不是“政府行为”，而是民间自发探索域外世界之壮举，他以一己之力，为历史留下一笔不可磨灭的遗产，可叹可敬。汪大渊不愧为丝路精神的实践者。如今，人类社会正处于大发展、大变革、大调整时代，拥有悠久历史的丝绸之路亦旧貌换新颜。“同舟共济扬帆起，乘风破浪万里航。”我们应当大力秉承伟大的丝路精神，与沿线各国人民增进合作、增厚友谊、增添和谐，让中国梦与沿线各国人民的美好梦想相互衔接，各美其美、美人之美、美美与共，一道续写21世纪海上丝绸之路的璀璨篇章。

小动作：打绳结

一根简单的绳子可以变为各式的绳结，在工作生活中有着非常广泛的应用。

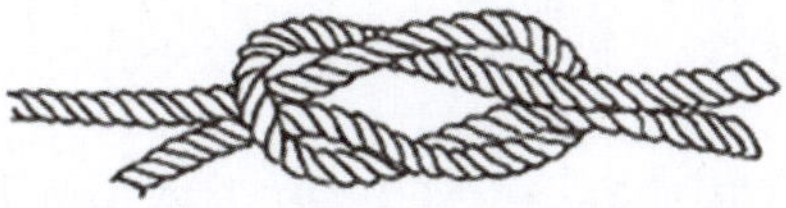

平结

用途：用于连接两根粗细相当的绳缆。

打法：将两绳先打一半结，接着再反方向打一半结即成。

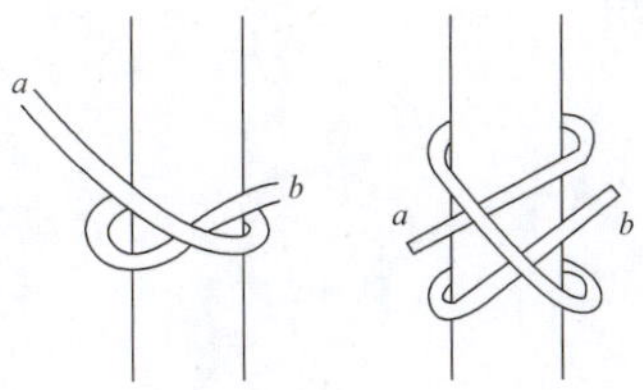

丁香结

用途：将绳缆系于圆木、栏杆、横木、粗缆或圆环时，都可用此结。

打法：在系柱上打丁香结，可以用两手将绳同方向挽两个绳圈并交叉重叠，然后套在系柱上收紧即可。

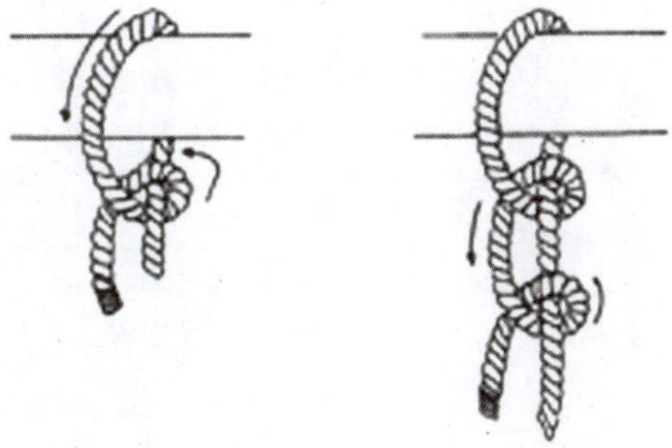

旋圆两半结

用途：用于将纤维绳系在眼环或系柱上。此结固定及解开都较费力，但比较牢固。

打法：先将绳端在物体上绕两周，然后在绳根上打两个半结即成。

单套结

用途：可用作绳圈的临时眼环，也可用作人员在舷外或高空作业时的保险索套，还可用于绳和绳、绳和眼环的连接。

打法：先打一小绳圈，然后将绳端穿过小绳圈（此时如果拉动绳端收紧应是一个简单结），绕过绳干，再穿回绳圈即可。

单花结

用途：用来连接较细或粗细不等的绳，或用于连接绳和眼环。单花结打法简单，解开容易，但不够牢靠。

打法：将绳端由下而上穿过另一绳圈（眼环），然后绕该绳干打一半结。吊运重物时，应用小绳将绳端与绳干绑牢。

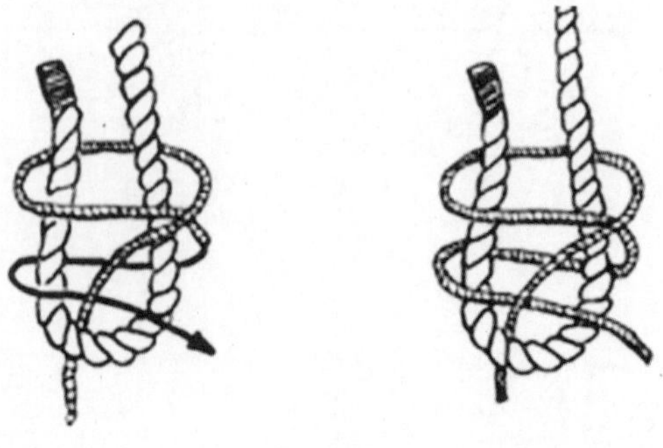

双花结

用途：与单花结相同，但比单花结牢靠，所以广泛用于绳和绳、绳和眼环或锚链的连接。

打法：打完单花结后，将绳端在绳干上多绕一圈即可。

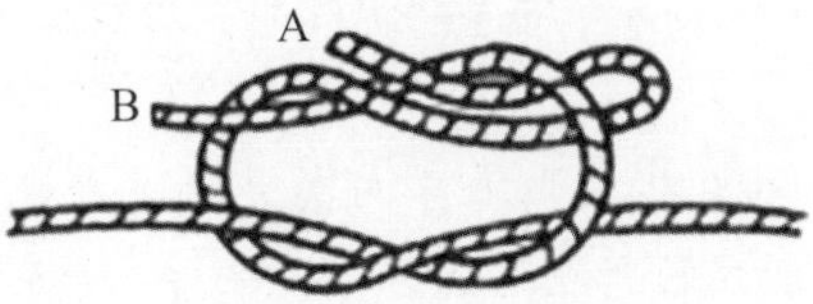

活结

用途：用于捆扎盘在双系柱上的系缆，以防其弹出系柱。活结的特点是一抽绳端，立即解开。

打法：将细绳并成两股，成一手执细绳绳圈、一手执细绳两端的状态。将细绳一端做成半圈，送入绳圈并收紧，半圈即成为一个活扣。再将细绳另一端作成半圈，送入活扣并收紧活扣即可。

8字结

用途：绳索穿过圆形孔洞后，防止绳索从孔洞滑脱。

打法：将绳头压住绳干构成绳圈，并绕绳干一周，再将绳头穿回绳圈内收紧即可。

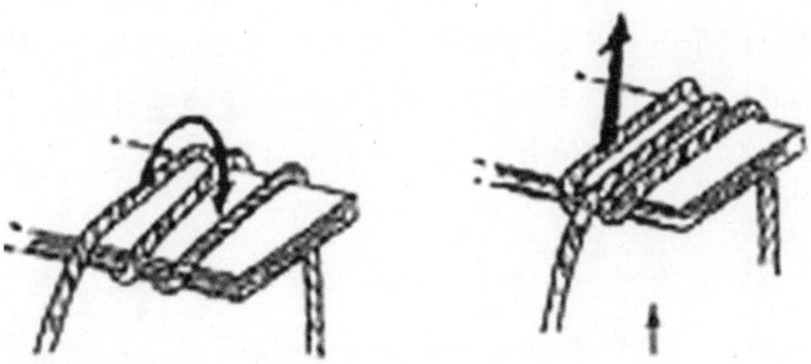

吊板结

用途：舷外或高空作业时用于系绑吊板。

打法：取绳缆的中段放在吊板横档的里侧，绳缆两端分别在吊板上下各交叉一次。将放在横档里侧的绳干拉出来并从吊板一头套过。收紧两根绳端并各在横档上打一半结即可。

案例 4

我要去远方

当葡萄牙人稳扎稳打地沿非洲西海岸向南大西洋挺进，绕过非洲开辟去东方的新航路时，开辟另一条去东方的新航路的计划——即从西欧向西横渡大西洋，到达印度、亚洲的东海岸，也在酝酿和筹划之中。这个计划的设想和实施都与一个伟大人物密不可分，他便是大名鼎鼎的克里斯托弗·哥伦布。他是意大利著名航海家、探险家，是地理大发现的先驱者。

1451年，哥伦布出生于意大利热那亚一个普通的工人家庭，其在儿童、少年时代没有受过什么正规教育，每天的任务就是帮父亲干活儿。而哥伦布幸运地到达葡萄牙是他一生的重要转折点，使他从一个小工人、小水手转变为一个航海家和探险家，从跟随他人航海到独立策划和筹备重大的远航探险。葡萄牙是当时欧洲航海事业的中心，哥伦布在那里获得了远洋航行的技术和经验，学到了许多天文、地理、水文、气象知识，掌握了观测、计算、制图的学问。他还和在里斯本从事地图、海图绘制的弟弟巴托罗缪合伙开了一个地图、海图制售店。这些都为他后来组织实施远航准备了条件。

15世纪80年代初期，哥伦布已成为当时见识最广、航海范围最大、经验最丰富的欧洲航海家之一。在葡萄牙期间，他还广泛阅读了各种地理、历史、航海、游记、天文书籍，并受他的同胞托斯堪内里的影响和启发制订了西航的设想和探险计划。

远航探险耗资巨大，需要政府的支持和上层的资助。由于哥伦布当时侨居葡萄牙，葡萄牙又是西欧航海探险的中心，哥伦布自然首先向葡萄牙政府提出西航建议和计划，时间分别是1483年下半年和1488年，但没有被采纳。随后，他又拜访了其他一些国家的王室，结果也都没有得到回应。于是他在屡次碰壁之后，转向求助西班牙皇室，分别于1486年5月和1491年12月求得女王的召见，并在王室的财政顾问、大商人桑塔赫尔的帮助下，最终使西航计划得到批准。

哥伦布首次远航的探险队共筹备了三条船，旗舰为“圣玛丽亚号”，该船载重约120吨，另两艘为“平塔号”和“尼尼雅号”，载重均约60吨，每条船上均配备了各种火炮长枪、弹药箭矢，还有食品、淡水、酒类、药品、灯具、燃料、帆缆索具等航行用具和物资。探险队还带上了许多玻璃珠、小镜子、花帽子、铜铃、衬衫、饰针、针线、花布、小刀、眼镜、石球、铅球等百货用于交换。哥伦布为探险队总指挥，坐镇“圣玛丽亚号”，马丁·平松为“平塔号”船长，其弟维森特·平松为“尼尼雅号”船长。探险队里有翻译、医生、地图绘制员等专业技术人员，还有三个从监狱里提出来的囚犯，以便派去执行最危险的事，就这样哥伦布的首次西航开始了。

一、发现“新大陆”

第一次航行始于1492年8月3日，哥伦布率领船队从帕洛斯港拔锚启航，先向南偏西航行，驶向加那利群岛。哥伦布选择这条航线的原因在于：一是加那利群岛是西班牙所属伸入大西洋最远的群岛，从这里开始横渡可减少航程、航期和困难；二是根据托斯堪内里的地图和哥伦布自己的推算，所属日本的“享福的群岛”西潘戈位于加那利群岛正西的同一纬度北纬28度上（日本的中心实际上在北纬38度），从这里呈直线横渡两地间，距离最短；三是当时的技术只能测定纬度，无法确定经度，从这里横渡可应用“等纬度航行法”，以便保证航向准确直达日本，而且8月航行一路上基本都有顺风的东北信风相助，避开了夏末大西洋上常有的飓风。

9月13日，航行了一个多月后，水手们发现罗盘磁针向西偏移，大家开始恐慌，哥伦布以自己惯有的镇定和聪明处理了这个意外。他先说是因北极星移动所致，而非磁针失灵，命令探险队天亮时再向北走，果然，船员们发现罗盘正常了。哥伦布的解释和有效处置稳定了大家的情绪，也恢复了大家对他本人和罗盘的信任，他还阴差阳错地发现了磁差，初步测量了磁偏角，即地磁南北极与地理南北极之间的偏差，地磁子午线与地理子午线之间的夹角。哥伦布的发现和解释对航海家、地理学家和物理学家都有一定的启发和帮助。

从9月14日起，直到10月12日靠岸登陆，探险队不断发现海鸟，这似乎说明离陆地不远，其实不然。9月16日，他们发现了成片的大量的绿草，最初他们以为接近了陆地，后来才明白是进入了马尾藻海区，好在它并不妨碍航行，直到测量后才知道，他们遇到的马尾藻海区达450万平方千米。9月20日，哥伦布下令测深，但测深绳放完仍不着底。从9月23日起，船员中已开始出现怨言牢骚，哥伦布充耳不闻。10月6日，哥伦布召开了船长、大副要员会议，在会上再次表达了前行的决心。

10月11日，哥伦布被迫许诺的最后期限到了。但这天却陆续发现了一秆芦苇、一些藤茎、一棵小树、一根被砍削过的木棍、一块加工过的木板，这又给大家带来了发现陆地的希望。晚上10点钟，哥伦布发现前方有亮光，像蜡烛那样忽明忽暗，忽升忽降。哥伦布确信陆地已近，半夜2点钟，“平塔号”的值班员终于确凿地看见了陆地。马丁·平松船长确认后，便鸣炮报信和庆祝。哥伦布冷静地命令收帆下锚停船，等待天明，以保证安全。

1492年10月12日是世界历史上重要的一天，这天上午，哥伦布一行经过30多天不见陆地、不靠海岸的航行，终于抵达长约13英里、最宽处约6英里的珊瑚岛。当地的印第安人称之为瓜纳哈尼岛，哥伦布将之命名为圣萨尔瓦多，即“神圣的救世主”。哥伦布一行乘小艇上岸后，即举行了占有仪式，宣布以国王和女王的名义占有该岛，并让随行人员做了公证和记录。他们完全以为到了亚洲的东部边缘，认为圣萨尔瓦多是日本群岛的外围岛屿。他们在岛上考察，交易、休整了两天后，启航去寻找日本岛。

接着，1492年10月14日他们发现了圣萨尔瓦多西南的朗姆岛，船员们与岛民进行了易物交换。此后，他们先后到了斐迪南岛（长岛）、伊莎贝拉岛（克鲁克德岛）、哥伦布沙洲（胡门托斯群岛），但都没有发现黄金，不过却见到了美洲独有的重要农作物苞谷（玉米）、马铃薯和甘薯。海员们从向导那里了解到西南方有个大岛叫科尔巴岛（古巴），哥伦布以为这便是日本主岛。于是，10月28日，船队抵达今古巴东北奥特连省的巴里亚门港湾。哥伦布等人在这里既没有发现黄金珠宝，也没有找到它是文明、富庶的中国、日本、印度的迹象。然而，他们却在这里发现了植物黄金——烟草，此后西班牙人很快学会了抽烟，并风靡全世界。

到达古巴后，探险队从原住民那里打听到东方不远处有一个盛产黄金的巴比克岛，还打听到东南附近也有一个大岛，叫波希奥，盛产香料、珍珠与黄金。于是他们沿古巴海岸向东前进。11月20日，马丁·平松率“平塔号”擅自离开编队，前去巴比克（大伊纳瓜）岛寻找黄金。12月6日，哥伦布船队进入泊海地岛最西端的圣尼古拉港湾。12月21日，哥伦布一行来到海地西北部的龟岛（托尔蒂岛），当地酋长送给哥伦布一些礼物。12月25日，由于值班水手疏忽，“圣玛丽亚号”在海地岛（海地角）以东的海岸搁浅，抢险无效。船员们在印第安人的帮助下，把船上的物资转移出来。这时受哥伦布指挥的只有“尼尼雅号”一艘小船，它无法容纳全部船员。哥伦布决定把一部分人留在西班牙岛，有39个人志愿留下来，以便找到更多的黄金。

1493年1月4日，“尼尼雅号”离开纳维达德，向东行驶，寻找“平塔号”。之后在海地岛北部遇到了“平塔号”，两船合成一队，向东行驶到今多米尼加东北部的萨马纳角。至此，海地岛的整个北部海岸都被考察过了。1月16日，两船离开海地岛萨马纳湾，开始返航，重新横渡大西洋。他们仍采用“等纬度航行法”，先向北偏东航行。大约在1月22日他们越过了来时的航线纬度北纬28度。2月3日左右，船队到了百慕大群岛以东约500英里北纬30度的地方。在这里他们调头向东行驶，尽管他们要抵达的西班牙海岸在北纬39度左右。2月12日，海上起了风暴，持续了4天，风力达到了8级，这意味着浪高达5.5～7.5米，风速达每秒17.2～20.7米。载重仅60吨的“尼尼雅号”和“平塔号”在风浪中如同两片树叶，随时都有倾覆的危险。13日晚上，“尼尼雅号”和“平塔号”在惊涛骇浪中失散，从此再没有相遇。2月15日，“尼尼雅号”的船员看到了亚速尔群岛最南边的陆地。2月18日，“尼尼雅号”停靠亚速尔群岛的圣玛丽娘岛。尽管已回到了旧大陆最西边的海岛，但剩下的航程仍充满危险。2月24日，“尼尼雅号”重新启航，不料飓风接踵而来，船员们与狂风巨浪又展开了连续6天的殊死搏斗。他们被迫驶向葡萄牙，3月4日靠上了里斯本湾外的海岸。3月13日，“尼尼雅号”从里斯本启航，15日中午回到出发港帕洛斯。当天下午，马丁·平松率侥幸躲过了第二次风暴的“平塔号”也回到了帕洛斯。至此，人类历史上空前的224天的远航探险最终结束。哥伦布带回了在大西洋彼岸发现陆地和居民的轰动消息，通过几十种语言的翻译迅速传遍整个欧洲。

随后哥伦布在1493年到1502年间，在西班牙国王的资助下又三次横渡大西洋。

第二次航行始于1493年9月25日，哥伦布率船17艘从西班牙加的斯港出发，目的地是他所谓的亚洲大陆。参加航海的达1500人，其中有王室官员、技师、工匠和士兵等。1494年2月因粮食短缺等原因，大部分船只和人员返回西班牙。他率船3艘在古巴岛和伊斯帕尼奥拉岛以南水域继续进行探索亚洲大陆的航行。在这次航行中，他的船队先后到达了多米尼加岛、背风群岛的安提瓜岛和维尔京群岛以及波多黎各岛。1496年6月11日回到西班牙。

第三次航行是1498年5月30日开始的。哥伦布率船6艘、船员约200人，由西班牙塞维利亚出发。航行目的是要证实在前两次航行中发现的诸岛之南有一块大陆（即南美洲大陆）的传说。7月31日船队到达南美洲北部的特立尼达岛以及委内瑞拉的帕里亚湾。这是欧洲人首次发现南美洲。此后，哥伦布由于被控告，于1500年10月被国王派去的使者逮捕后押送回西班牙。后因各方反对，不久获释。

第四次航行始于1502年5月11日，哥伦布率船4艘、船员150人，从加的斯港出发。哥伦布第三次航行的发现已经震动了葡萄牙和西班牙，许多人认为他所到达的地方并非亚洲，而是一个欧洲人未曾到过的“新世界”。于是斐迪南国王和伊莎贝拉王后命令哥伦布再次出航查明，并寻找新大陆中间通向太平洋的水上通道。他到达伊斯帕尼奥拉岛后，穿过古巴岛和牙买加岛之间的海域驶向加勒比海西部，然后向南折向东沿洪都拉斯、尼加拉瓜、哥斯达黎加和巴拿马海岸航行了约1500千米，寻找两大洋之间的通道。后从印第安人处得知，他正沿着一条隔开两大洋的地峡行驶。由于1艘船在同印第安人的冲突中被毁，随后另外3艘也先后损坏，哥伦布于1503年6月在牙买加弃船登岸，1504年11月7日返回西班牙。

当时欧洲人口正在膨胀，哥伦布四渡大西洋发现的“新大陆”，有了能使欧洲经济发生改观的矿藏资源和原材料，也使海外贸易的路线由地中海转移到大西洋沿岸。

从那以后，西方终于走出了中世纪的黑暗，开始以不可阻挡之势崛起于世界，并在之后的几个世纪中成就海上霸业。

二、小人物的大梦想

哥伦布是个眼光长远和意志顽强的人，在“地圆说”刚刚出现的时候，其实很多人都认为是无稽之谈。但是哥伦布不一样，他坚定地认为“地圆说”是正确的，地球一定是个圆形，只要沿着一条直线走一定能到达原点，一定能开辟一条全新的航线到达《马可·波罗游记》中描述的他向往的印度和中国，而且他不仅相信，他更要去验证他所认为的是对的。

于是他开始四处游走，希望有人可以资助他实现梦想，但是当时的人觉得“地圆说”的思想还不成熟，而哥伦布也只是个举足轻重的小人物，所以并没有人愿意帮助他，甚至很多人对他冷嘲热讽。这些人的拒绝并没有让哥伦布放弃这个想法，他依旧四处请求，终于在十几年之后西班牙国王认同了他的想法，并且答应了他的请求，这对哥伦布来说是意义重大的，意味着哥伦布从小到大的梦想终于要实现了。

只有不畏艰险、勇于探索的人才能发出异样的光芒。一路上，哥伦布历尽艰辛，但是他从未动摇，终于在海上发现了新大陆。而哥伦布之所以能成功，就是因为他十几年如一日地坚持着自己定下的目标，是坚定的信念、顽强的毅力和百折不挠的进取精神成就了他，让他在几百年甚至几千年之后依然被世人所铭记。

小故事

哥伦布成功发现“新大陆”后，一时之间，成了这个国家炙手可热的人物。贵族们争相邀请他参加自家举办的晚宴，宴会上的每个人都在谈论哥伦布船长的探险事迹。这种巨大的荣耀让一些人心里很不是滋味，决心找机会给哥伦布点教训，让他知道，这里可是西班牙的天下，他一个意大利人再怎么荣耀也不能与西班牙王室争辉。

于是，在某个宴会上，一些人就不断在哥伦布面前说，哥伦布的发现有什么了不起，他到不到那里，陆地都在那里。这是万能的上帝所创造的，又不是他哥伦布变戏法变出来的。一晚上不停有人在哥伦布身边说这些话，终于，忍无可忍的哥伦布站起身，他从桌子上拿起一个煮熟的鸡蛋，问在场的人们：“谁，能把这个鸡蛋竖起来？”大家都呆住了，心想，尖尖的鸡蛋怎么可能竖起来？

哥伦布把鸡蛋往桌子上一竖，鸡蛋发出轻轻的破裂声，但同时也稳稳地站在了那里！他说：“我知道，你们认为我这样做是打破常规的，可是我做到了，你们却没有做到！”

• 小·幽默

西航路程遥远，哥伦布的船员们很恐慌，一直看不到陆地让他们心生恐惧，甚至开始怀疑船会不会航行到世界的尽头，跌入无底深渊里去。哥伦布为了安慰其他船员，特别写了两本航海日志，一本放在外面，大家都可以去翻，另外一本私藏在船长室里，只有他能看。外面那本日志上，哥伦布刻意写上“假”的航程距离，大概只有写在私密日志上“真”的距离的一半，这样船员们就不会觉得：怎么走了那么远，都没看到一片陆地呢？陆地在哪里？用这种方式欺骗船员的确很聪明，只是后人计算发现，其实哥伦布误以为的“假”的航程距离，远比私藏的“真”的航程距离接近事实。原来“假”才是“真”，“真”反而是“假”啊！

小动作：轻松健康的十巧手

自2014年，学院在全院推广课前手操活动。伴随着轻快的音乐节奏，每天上课前进行手操锻炼，成为课堂文化的重要内容。

第一：虎口平击36次。

说明：打击大肠经 / 合谷穴。

作用：预防及治疗颜面部位的疾病，如视力模糊、鼻炎、口齿疼痛、头痛及预防感冒。

第二：手掌侧击36次。

说明：打击小肠经 / 后溪穴。

作用：放松颈项肌肉群及预防骨刺、骨头退化。

第三：手腕互击36次。

说明：打击心经及心包络经 / 大陵穴。

作用：预防及治疗心脏病、胸痛、胸闷、纾缓紧张的情绪。

第四：虎口交叉互击36次。

说明：打击八邪穴。

作用：预防及治疗末梢循环，如手麻、脚麻等末梢循环疾病。

第五：十指交叉互击36次。

说明：穴位是八邪穴。

作用：预防及治疗末梢循环，如手麻、脚麻等末梢循环疾病。

第六：左拳击右掌心36次。

说明：打击心经和心包络经 / 劳合穴。

作用：消除疲劳及提神的作用。

第七：右拳击左掌心36次。

说明：经络是心经和心包络经／劳合穴。

作用：消除疲劳及提神的作用。

第八：手背互相拍击36次。

说明：打击到的是三集经／阳池穴。

作用：调整内脏机能、预防及治疗糖尿病。

第九：搓揉双耳36次。

说明：耳垂的穴位很多。

作用：眼点、颜面部及脑部等部位的循环。

第十：手掌心互相摩擦6下至微热，轻盖双眼，眼球向左右转动6圈。

说明：运用气功原理，调整眼睛的经气。

作用：预防近视、老花眼及视力模糊。

3 淡泊宁静

非淡泊无以明志，非宁静无以致远。

——诸葛亮《诫子书》

案例 5

伟大的航海家

郑和（1371—1435），我国伟大的航海家，他的一生波澜壮阔，郑和和他的船队七下西洋所代表的人类征服海洋的壮举，闻名于当时，名留青史，千古流芳。

一、致远任重

中国，一个有着五千年历史的文明古国，各族人民共同建造了华夏文明历史和灿烂文化；中华民族是勤劳、勇敢、热爱自由、热爱和平的民族，在浩瀚历史长河中经历过血与火的熔炼，凝聚着华夏儿女的无穷智慧。中国悠久的历史犹如一窖烈酒，经历了数千年的历史沉积后，迸溢出缕缕幽香，味淡而绵长，清洌却醉人。

历史上，每一个强盛的朝代都有一个很感兴趣的问题：在我们这个国家的四周到底还有些什么？到了明朝，当时的中国成为强盛的国家，经过长期的战乱和恢复，此时的华夏大地已经成为真正的太平盛世，人民安居乐业，国家粮银充足，而明帝国四周的陆地区域已由汉唐盛世时的远征英雄们所探明，相比而言，那漫长的海岸线更容易引起人们的遐想：在宽阔大海的那一头有着怎样的世界呢？

最先映入人们眼帘的就是西洋，西洋这个名词在明朝的意义与今天并不相同，当时所谓的西洋其实就是今天的南洋，海的那边到底有什么，人们并不是十分清楚。那么，要探索未知世界、未知海洋，有谁能来完成这个大业呢？

郑和出生于1371年，原名马三保，回族，云南昆阳州（今云南晋宁）人。郑和出身名门望族，幼年受过良好教育，了解一些外洋情况。1381年冬，明朝军队进攻云南，郑和的父亲在战乱中死去，郑和被俘，从此，这个年仅11岁的少年开始跟随明军征战四方。北方的风雪、大漠的黄沙，处处留下了他的足迹，以他的年龄，本应该在家玩耍、嬉戏，却突然变成了战争中的一员，在那血流成河、尸横遍野的战场上飞奔；在军营里，没有人会把他当孩子看，也不会有人去照顾和看护他，在战争中，谁也不能保证明天还能活下来，所以唯一可以照顾他的就是他自己。可是一个11岁的孩子怎么能照顾自己呢？现在，我们已经无法想象当年的马三保吃过多少苦、受过多少累，多少次死里逃生，我们知道的是，悲惨的遭遇并没有磨灭他心中的希望和信念，他顽强地活了下来。

郑和少年时就在明军中服役，在明军中长大，懂兵法，有谋略，英勇善战，经受了战火考验，出生入死，转战南北，经历数次重大战役，具有实战经验和军事指挥才能。

郑和知识丰富，勤奋好学，他熟悉西洋各国的历史、地理、文化、宗教，具有卓越的外交才能；郑和身份特殊，他是穆斯林，熟悉伊斯兰教义，也熟悉、尊重佛教，而郑和下西洋途经的国家、地区，不是信奉伊斯兰教便是信奉佛教，熟悉的宗教信仰更有利于相互联系、相互沟通。

无论从哪个角度来看，郑和都是下西洋最合适的人选，他久经战争，性格坚毅顽强，具有丰富的航海知识，正是由于自身条件和具备的才能、素质，郑和被委任重任，成为下西洋船队的统帅。在他身上，担负着的是国家的信任、重托，更是期望。

二、扬帆远航

历史将记住这个日子：公元1405年7月11日（永乐三年六月十五日），郑和和他的船队从福建五虎门港起航，开始了中国历史上最伟大的远航征程。郑和明白自己此次航程所肩负的使命和职责，但他并不知道，他将创造的历史将会被后人永远传颂。他的心中充满了兴奋，自幼开始向往的大海就在他的面前，等待他去征服，一段伟大的历程就此开始。

我们把郑和的船队称作舰队名副其实，据史料记载，当时郑和的船队中最大的船叫作宝船，“大者，长四十四丈四尺，阔一十八丈；中者，长三十七丈，阔一十五丈”，这是郑和舰队的主力舰，也就是通常我们所说的旗舰；此外还有用于运输的马船、用于作战的战舰、用于运粮食的粮船和专门在各大船只之间运人的水船，共200余艘。船队编着严整有序的队形，踏着万顷碧波，乘风破浪，浩浩荡荡出洋了，如此巨大的船只，如此庞大的船队，航行于浩淼无垠的海洋之中，这在中国的历史上以及世界的历史上都是首屈一指。

这是船队的情况，那么他带了多少人下西洋呢？共有水手、官兵、翻译、采办、工匠、医生等27800余人，从数字上看，这很像是一只去打仗的舰队，但事实告诉我们，这确实是一支友好的舰队，所到之处，没有战争和流血，只有和平和友善，强而不欺、威而不霸，这正是一个伟大国家和伟大民族的气度和底蕴。

郑和的船队满载丝绸、瓷器、金银、铜铁、布匹等物自刘家港（今江苏太仓浏河镇）出发，一路南下，经我国福建——印度尼西亚——爪哇——苏门答腊——斯里兰卡，一路上与西洋各国交流并开展贸易活动，这些国家也纷纷派出使者，跟随郑和船队航行，准备去中国朝贡。带着贸易得来的物品和各国使者，郑和到达第一次航行的终点——古里。

古里就是今天印度的科则科德，位于印度半岛的西南端，此时距离他出发时已一年有余。他回顾了此次航程中的各种际遇，感慨很多，在返航之际，他带领属下和当地人一起建立了一个碑亭，并刻上碑文，以纪念这段历史：其国去中国十万余里，民物咸若，朝皞同风，刻石于兹，永世万世。大意是：这个国家与我的祖国中国有十多万里远，但是民风和物产与祖国相似，生活习惯也都差不多。今天我把这些刻在石头上，使后人永远知道，这是一座历史的里程碑！

郑和继续着他的远航，此后，他分别于1407年、1409年、1413年、1417年、1421年，五次率领船队下西洋，到达并访问了泰国、印度南端、印度西南岸、锡兰、越南、马来西亚、印度、阿拉伯半岛、东非、伊朗、孟加拉等国，东南亚、南亚、阿拉伯等地，最远到达非洲东海岸和红海沿岸共30多个国家和地区。

第二次下西洋时，郑和专程到锡兰，对锡兰山佛寺进行布施，并立碑为文，以垂永久。此碑于1911年在锡兰岛的迦里镇被发现，现保存于锡兰博物馆中，是用汉文、泰米尔文及波斯文所刻，今汉文尚存，是中斯两国友好关系史上的珍贵文物，也是斯里兰卡的国宝。

三、和平使者

经过郑和的努力，西洋各国与明朝建立了良好的关系，虽然彼此之间生活习惯不同、国力相差很大，但开放的大明并未因此对这些国家另眼相看，它以自己的文明和宽容真正从心底征服了这些国家。

郑和的船队带来的是丰富的贸易品和援助品，他的船队从未主动攻击过任何国家，即使自卫也很有分寸，从不仗势欺人，西洋各国的人们，无论人种、无论贫富，都能从这些陌生人的脸上看到真诚的笑容，他们心里明白，这些人是友善的使者。

郑和下西洋增进了古代中国与亚非各国的友谊与交流，在1405—1433年的28年中，郑和七下西洋，每到一国就把中国的礼物赠送给国王，以建立友好关系。把中国的瓷器、丝绸、茶叶、金银、铁器、农具等与当地的特产如象牙、香料、宝石等海外奇珍异宝相交换，加强了经济文化联系。

郑和下西洋所到之处，既进行海外贸易，又传播先进的中国文化。当时东南亚、南亚、非洲一些国家和地区社会发展比较落后，非常向往中华文明。郑和出色地将中华文明远播海外，在中外文化交流史上写下了新的篇章。郑和下西洋传播的中华文明主要有以下几个方面内容：中华礼仪和儒家思想、历法和度量衡制度、农业技术、制造技术、建筑雕刻技术、医术、航海造船技术等。

郑和下西洋前，中国周边的国际环境动荡，东南亚地区各国相互猜疑，互相争夺；海盗猖獗，横行东南亚，十分嚣张，海上交通线得不到安全保障。这些不稳定的因素，直接影响中国南部的安全，不利于国家的稳定和发展。在这种形势下，明朝采取了“内安华夏，外抚四夷，一视同仁，共享太平”的和平外交政策，派遣郑和率领船队下西洋，通过各种手段，调解和缓和各国之间矛盾，维护海上交通安全，从而把中国的稳定与发展同周边联系起来，创建了一个长期稳定的国际环境，稳定了东南亚国际秩序。郑和下西洋为亚非和平局势的建立，为促进亚非各国人民之间的团结和友谊，为发展中国与亚非诸国之间在政治、经济和文化上的相互交流，都做出了重大的贡献。

郑和船队下西洋过程中，展开了许多贸易活动，在南洋、印度洋沿岸开拓了愈来愈多的海外市场，海外贸易刺激了国内工业和手工业的迅速发展，主要有两种形式。

一是官方贸易。官方贸易是郑和下西洋的重要内容，贸易双方在官方主持下进行交易，是明朝扩大海外贸易的重要途径。郑和船队除了装载有赏赐用的礼品外，还有中国的货物，如铜钱、丝绸、瓷器、铁器等。这种贸易可以用明代铜钱买卖，但多数是以货易货。最有影响的是击掌定价法，在印度古里，中国船队到达后，由当地的代理人负责交易事宜，将货物带到交易场所，双方在官员主持下当面议价定价，一旦定下，决不反悔，双方互相击掌表示成交。这种友好的贸易方式，在当地传为美谈；尤其是后几次下西洋贸易规模扩大，遵循的平等自愿、等价交换，具备了国际贸易的一些基本原则。

二是民间贸易。民间贸易一定程度上是在郑和下西洋贸易活动的带动下出现的。它不是通过官方，而是由商人或民间自发性展开的。郑和下西洋消灭海盗，维护了海上安全，开辟了航线，促进和刺激了民间贸易。郑和下西洋使团并不禁止官兵带一些中国货物在沿途进行交换，东南亚各国百姓对中国丝绸、瓷器、工具非常喜欢，只要郑和船队一到，都争先恐后地进行交易，有的还请郑和船队的官兵到当地的集市设摊交易。

与西方大航海不同，以郑和为代表的中国人大航海，推动大批中国人以空前的规模走向海洋，以中国人传统的政治道德理念，尝试建立和平与和谐的国际社会秩序，体现了“仁”“恕”为核心的价值理念。郑和使团在海外努力传播中华文明，追求人类社会和自然界的和谐发展，这种“大同”与“和谐”的理想，也是各国人民向往“世界大同”理想的一种具体表现，反映了海外各国人民向往美好幸福生活的愿望。郑和下西洋，向各国推广中国的农业和手工业的先进技术，传播了文化文明，促进了各国经济的发展。

郑和七下西洋打通了从中国到东非的航路，把亚、非的广大海域联成一气，使西洋的数学、理化、天文等也随之传入，西洋现代化的科学技术也启蒙了当时的中国人，这也是郑和下西洋的重要贡献，郑和下西洋是人类历史上的伟大创举，是中外关系的丰碑。

四、航海先驱

郑和下西洋发生在地理大发现之前，开始于1405年，这比哥伦布在1492年到美洲要早87年，比迪亚士在1487年发现好望角要早82年，比达·伽马在1498年到达印度卡里库特要早93年，比麦哲伦在1521年到达菲律宾要早116年。

海洋是地球生命之母，是人类赖以生存的蓝色家园，海洋是生命的摇篮，拥有着丰富的资源，自古以来，海洋就是人类生产和生活的空间，对人类社会产生着重要的影响，也与我们中华民族的生存、发展和盛衰休戚相关。郑和的大规模远航活动，把中国古代的海洋事业推向发展高峰，对人类的海洋文明做出了重要贡献。主要表现在以下几方面。

一是开辟了亚非的洲际航线，为西方人的大航海铺平了亚非航路。当葡萄牙的航海家达·伽马沿非洲西海岸绕过好望角、抵达东非海岸时，当地人就告诉他们几十年前中国人就已经几次来到这个地方，他们沿着郑和船队开辟的航线顺利到达了印度。

二是对西太平洋和印度洋进行了一些海洋考察，搜集和掌握了许多海洋科学数据，《郑和航海图》就是通过大量海洋调查绘制的。

三是对航海区域进行了战略布局，郑和下西洋在辽阔的海外选择了多个地区作为海洋发展的重点区域，扩大了海外交通和贸易范围。

郑和大航海的重要成果是绘制了《郑和航海图》，全图使用中国传统的山水画法，包括亚、非两洲，所收地名达500多个，其中亚非诸国约占300个，相当准确地记录了航向、航程、停泊港口、暗礁、浅滩的分布，详细记录了郑和大航海全部航程中开辟的众多新航道，重要的出航地点有20余处，主要航线有42条之多。

《郑和航海图》是世界上现存最早的航海图集，它的制图范围广，内容丰富，折射出的中国先进航海科技光辉，表现了中国古代人的伟大智慧，从而创造了郑和下西洋的伟大航程，有力地促进了中国的航海事业发展，丰富了中国人对世界的认识。

郑和的船队，白天用指南针导航，以约定方式悬挂和挥舞各色旗带，组成相应旗语，夜间则用观看星斗和水罗盘定向的方法保持航向，以灯笼反映航行时情况。遇到能见度差的雾天下雨，配有铜锣、喇叭和螺号用于通讯联系。由于合理解决了船上储存淡水、船的稳定性、抗沉性等问题，郑和的船队能够在“洪涛接天，巨浪如山”的险恶条件下，“云帆高张，昼夜星驰”。

天文航海是中国人很早掌握的通过观测日月星辰测定方位和船舶航行的位置的技术，郑和船队把航海天文定位与导航罗盘的应用结合起来，提高了测定船位和航向的精确度，通过测定天的高度，来判断船舶位置、方向、确定航线，这项技术代表了那个时代天文导航的世界先进水平。

地文航海也是郑和下西洋使用的航海技术，它以海洋科学知识和航海图为依据，运用航海罗盘、计程仪、测深仪等航海仪器，按照海图、针路簿记载来保证船舶的航行路线。

郑和下西洋，遍访亚非30多个国家和地区，不但是我国古代航海史上的空前壮举，在当时也是世界航海史上规模最大的航海活动。

五、名垂青史

前面只讲到郑和六次下西洋的情况，第七次远航对于郑和来讲，有着极为特殊的意义。1431年，郑和年已60岁，仍率27550人的船队开始了第七次远航，离开自己的祖国前往异国的彼岸。

但郑和想不到的是，他永远也无法回来了。长期的航海生活几乎燃尽了郑和所有的精力，在归航中，郑和的生命走到了尽头，病逝在第一次远航的终点印度古里，享年62岁，永远地长眠在他开辟的和平道路上。

伟大的航海家郑和历经坎坷，九死一生，实现了这一中国历史乃至世界历史上伟大的壮举，他率领庞大船队七下西洋，促进了明朝和东南亚、印度、非洲等国的和平交流，并向他们展示了一个强大的开明的国家的真实面貌。

郑和的功绩是辉煌的，属于中国，也属于世界。它加强了中国与亚非各国人民之间的政治、经济以及文化交流和友好来往，使中国先进的文化传播到世界各地，丰富了中国人的地理和航海知识。另外，以郑和下西洋为契机，更多的中国人来到南洋，为南洋的开发和建设，做出了巨大的贡献。

郑和为我们留下了一段中国人的海上传奇，他是一个真正的英雄，是我们这个国家和民族的骄傲。在群星璀璨的中华英杰中，郑和以先于西方人航海及胜于西方的航海技术受到国际社会的关注；郑和所代表的是一种文化精神，一种中国人不畏艰险、征服自然的价值趋向，一种打开国门走向世界进行文化交流的决心。

郑和这种敬业献身、报效国家的精神是永存的，他身上凝聚着中华民族开放进取、和平友好、交流合作、经略海洋和敢为天下先的优秀品德，这是一笔宝贵的精神财富，值得后人继承和弘扬。

郑和七下西洋，是中国拥抱外部世界的象征；郑和以多元宗教文化为先导，打通东南亚海上丝绸之路的实践，将中国的航海事业铭刻在世界航海史的里程碑上。郑和七下西洋，从未占领他国一寸土地、掠夺他国一分财产，旨在传播友谊，促进经济贸易，增加友好交流，堪称与世界各国交往的典范。郑和七下西洋的壮举，让大批中国人走出国门，走向海洋，在人类文明交汇的大舞台上，以伟大的和平实践，将中国古代航海事业推向顶峰，建立了和平、友好、互惠的古代海上丝绸之路，谱写了15世纪初人类文明史上的壮丽篇章。

郑和及其船队依靠集体的力量和智慧在惊涛骇浪中搏斗，他们勇于战胜困难的开拓进取精神，表现了中国人大无畏的英雄气概。他们所到之处进行的政治、经济、文化活动谱写了中外人民世代友好的篇章。他们总结的航海经验和开拓的航路是留给后人的丰富珍贵的文化遗产。

600多年前的7月11日，是郑和第一次下西洋起航的日子，现在，我国已经把每年的7月11日作为“中国航海日”，7月11日这一天已成为全体中国航海人的节日，成为中国人勇立潮头、敢于拼搏的精神家园，成为无数航海人拥抱大海、舍身无畏的蓝色信念，激励着我们拥抱中华民族伟大复兴的新时代，顺应“一带一路”伟大倡议的时代潮流，把郑和七下西洋所凝聚的中华民族开放进取、和平友好、交流合作、经略海洋和敢为天下先的优秀品德以及敬业献身、报效国家的精神，永远地传承、弘扬。

郑和的一生，不畏艰难，一念执着，持之以恒，坚持不懈，胸怀天地，热爱和平。

郑和下西洋所体现的中华民族热爱和平、睦邻友好、自强不息的优良传统，与山河同在，与日月同辉。

小知识

中国航海日

2005年，我国将郑和下西洋的起航日——7月11日定为中国航海日，航海日是由政府主导、全民参与的全国性法定活动日，它是所有涉及航海、海洋、渔业、船舶工业、航海科研教育等有关行业及其从业人员和海军官兵的共同节日，也是宣传普及航海及海洋知识，增强海防意识，促进社会和谐团结，大力推进航海文化普及，着力加速航海文化提升，让航海文化在社会大众中深深地扎根的一项全民族文化活动。

航海日会徽由四个“帆”组成“7.11”字样，它将郑和下西洋的起航日——“7.11”与“帆”的形象巧妙地结合在一起，突出了中国在明代就具有“多重桅杆”等先进航海技术；图形下半部分是中国传统绘画技能“水纹”与“如意纹”的结合体，“水纹”体现了航海的特征，“如意纹”有吉祥美好的寓意；主色调为蓝色，凸显了海洋的特色；整个会徽呈圆形，象征着圆圆满满，具有鲜明的中国特色和航海内涵。它将历史与现代融为一体，展现的是当今朝气蓬勃、扬帆奋进的中国航海事业。

案例 6

中国航海先驱

华夏文明历史悠久，历史人物丰富精彩，犹如天上的繁星，璀璨而耀眼。

距今两千多年前，徐福率领三千童男童女及百工、弓箭手等，组成浩浩荡荡的船队扬帆东渡，到海外寻求生存和发展的新乐园，一举名垂史册，成为中国历史上具有划时代意义的重大事件。

在中国、日本及韩国史籍中，对这一重大事件多有记载，不过这些记载从文字上看过于简单，还有很多记载源于传说。也正是因为史书记载的不详，徐福东渡的活动和业绩被淹没在历史的迷雾中，无法给后人展示出完整的历史真相。因此，在相当长的时间内，徐福只是给人们留下了一个为秦始皇求仙的方士的形象。

在长达两千多年的历史长河里，中、日、韩三国保存完好的徐福遗迹、不断出现的徐福纪念设施和所流传的经久不衰且生动感人的徐福传说，已经昭示世人，徐福不是一个普通的方士，而是一位具有大无畏开拓精神的航海家，一位受到中、日、韩三国人们尊敬和爱戴的和平友好的使者，一位中国人走出海外的先驱。

一、徐福其人

徐福，字君房，秦朝时齐地人，当时的著名方士，精通各种航海、天文、医学等知识。其家乡现还不太明确，一般认为是今山东省龙口市徐福镇人，一说江苏省连云港市赣榆县人，一说青岛胶南市人。

“方士”一词最早记载于《周礼·秋官·方士》：“方上，掌都家，听其狱颂之辞，辨其死刑之罪而要之。”但当时的方士是一种官方职位，不是后世方士的正宗。我们所说的方士是“士”的一种，即“方士之术”。“方术”一词首见于《庄子·天下》：“天下之治方术者多矣，皆以其有为不可加矣。”指当时社会上流行的各种各样的技术、艺能。

方士大多数来自劳动人民当中，他们熟知人民的生产技术和实践经验，会一些炼丹术、医药术、占星术、航海术。由于齐国濒临大海，航海技术十分发达，是一个海上强国，所以来自齐国的方士对航海技术更为精通，故《史记》称：“燕、齐海上之方士，传其术不能……”意思就是说，这两个国家的那些“算命先生”，把航海技术全都垄断了，使得秦始皇需要进行航海活动时，不得不再去找这些从前的敌人。

徐福的事迹，最早见于《史记》的“秦始皇本纪”和“淮南衡山列传”（在秦始皇本纪中称“徐市”，在淮南衡山列传中称“徐福”）。

二、两次出海

战国时期，山东沿海居民因居于海外交通的便利位置，自古以来就有扬帆远航的传统，在航海知识方面有较多的积累。《管子·禁藏》说："渔人之入海，海深万仞，就彼逆流，乘危百里，夙夜不出者，利在水也。"这段文字说明当时人们已经意识到航海与潮流的关系，认识到可以利用定向潮流，顺流而行。战国时成书的《周礼·考工记》也说："匠人识日出之景，与日入之景。昼参诸日中之景，夜考之极星，以正朝夕。"说明当时人们已经可以根据太阳和北极星观测方位。这种辨别北斗或北极的技术，对于提高海上导航的准确度，无疑是十分有利的。而我们的徐福，正是这方面的高手。

秦始皇于二十八年（公元前219年）到东方沿海各郡县巡视，"南登琅琊，大乐之，留三月。乃徙黔首三万户琅琊台下，复十二岁。做琅琊台，立石刻，颂秦德，明得意"。他极力宣扬自己的赫赫功德，并希望能长生不老，永享人间帝王的尊贵。为了迎合秦始皇希望长生不老的欲望，徐福上书言入海求仙之事，"言海中有三神山，名曰蓬莱、方丈、瀛洲，仙人居之，请得斋戒，与童男女求之"。

徐福打出"三神山"这个旗号是有原因的，《史记·封禅书》中说："天下名山八，而五在中国，三在夷蛮。"这三座在夷蛮的山就是所谓的"三神山"，战国时期诸侯都对其非常向往，多次派方士前往。"三神山"确有其处，且像《史记》中所记的那样伫立于海外。蓬莱，并不是指今天的山东省蓬莱市，蓬莱市是当年汉武帝在此望见蓬莱山而修建的，以"蓬莱"为名。而"三神山"中所指的蓬莱，其实是今天的日本北九州。"方丈"，经近代史家考证，是今天韩国南海中的济州岛。瀛洲，即琉球，也就是我国的台湾岛。古人之所以将这三座岛看作所谓的"三神山"，是受当时的科技条件及知识程度所限得出的错误认识。

秦始皇遣徐福入海求仙人，以期获得长生不老药。送走了徐福的秦始皇翘首以盼，深切地渴望徐福携带不老药归来，好让自己这个始皇帝能够永远地统治这片亘古未有的广阔疆土。然而过了数年，直到秦始皇三十七年（前210），徐福才两手空空地只身返回。秦始皇大怒。徐福谎称，自己已到了蓬莱，但是仙人们却嫌秦始皇送的礼物太薄了，不肯给药。秦始皇为了求得长生不老药，便问徐福仙人需要什么，徐福索要了三千童男童女，还有五谷的种子，数百名精通各种技艺的能工巧匠。秦始皇再一次满足了他的要求。据说徐福还称，大海中常有鲛鱼出没，对海上航行来说非常危险，一定要派善于使用连弩的射手去才能排除来往的困难。

徐福第二次出海，从此一去不返，再无音讯。

三、海外踪迹

徐福究竟到了哪里呢？《秦始皇本纪》中没有说明，但《史记·淮南衡山列传》记载，淮南王刘安与谋士伍被有一次说："徐福得平原广泽，止王不来。"

这片"平原广泽"仙踪何处？历史上众说纷纭。后来各史书对徐福出海一事都有所记载，只是对所到达的地方说法不一。《三国志》"吴书·吴主权传"、《后汉书》

“东夷列传”、《括地志》等书记载为直洲，但具体方位不详。到了五代的后周时，僧人义楚在《义楚六贴》中，首次明确提到徐福最终到达的是日本，今日的秦氏（日本古代渡来豪族）为其后代，并说徐福到达后，将富士山称为蓬莱。

早在战国时期，先民就从今天的山东半岛航海到达了朝鲜半岛。从徐福一行当年东渡的行踪来看，应该是先到了朝鲜半岛，然后由朝鲜半岛南下到了日本列岛。从当时徐福一行的航海路线和航海工具分析，徐福一行还不具备从山东沿海直接抵达日本南部的条件。徐福东渡的出发点及航线应该是从琅琊港、登州港、黄河营古港等山东沿海航口起航东渡，驶向庙岛群岛南端的南长山岛，再逐岛北上横渡渤海海峡，抵达辽东半岛南端的老铁山，又沿辽东半岛南海岸东航至鸭绿江入海口，然后沿朝鲜半岛西海岸南行到济州岛，最后渡过对马海峡到达日本的北九州。

朝鲜半岛许多地方先后出土了许多秦朝时期的中国文物，是当时往返这条线路的印证。当地人民都认为当年徐福一行到过济州岛，有些人甚至在此定居。徐福一行在韩国济州岛做过较长时间的停留，留下了许多活动遗迹，主要有以下四处。

一是朝天浦。传说徐福率领船队曾在济州岛北部沿海的金塘浦靠岸登陆，在岸边岩石上刻下“朝天”二字，于是此地就改称“朝天浦”了。近年来，韩国当地一些有识之士每年在这里勒石立碑纪念徐福。

二是汉拿山。相传徐福率领童男童女在朝天浦登陆后，登上了瀛洲山（后改称汉拿山）。他们在此寻找长生不老草，果真在山上找到了“岩高兰”（即灵芝草）。汉拿山为韩国第一高山，历史上济州岛就被称为瀛洲，并有著名的“瀛洲十景”。

三是西归浦。传说徐福一行沿着瀛洲山南麓下山到达西归浦，当地史籍记载传说徐福船队至此后，许多人希望西归返回故国，但最终因为害怕遭到秦始皇杀害而放弃了回国念头，继续东进。

四是“徐市过之”大型石刻。据说徐福在济州岛停留期间，在正房瀑布石壁上刻下“徐市过之”四个大字。可惜这处重要的石刻今日已不存在，只能通过照片来了解它昔日的风貌。

徐福一行在日本的活动，因缺少详细的记录，已难以勾画出全貌，只能根据现存的徐福一行活动的踪迹推断出徐福一行在日本活动的路线和大致区域。秦始皇三十七年（公元前210年），徐福首先抵达佐贺一带，然后沿九州岛西海岸南下，绕过九州岛到达“日向”之地。后继续北行西折到达了岗水门，在这里进行了修整和粮食补给。从岗水门沿濑户内海东进，到达了浪速（今大阪），又经今和歌山县绕过了纪伊半岛，经过新宫在熊野波田须登陆，在新宫驻留了一段时间，然后驶向东北方向伊势（今名古屋一带），到达了自然条件更好的热田，随后西行进入内陆，到达了橿原。

从日本现存遗迹和史籍记载中可以推断，徐福一行活动最多的地方应该是九州的佐贺一带及本州的新宫、熊野一带，这也是徐福一行船队率先登陆和此后迁居的地区，也是早期中国传统文化对日本影响较多的地方。

四、东渡的意义

两千多年前，徐福率领数千童男童女从山东半岛起航东渡，经过朝鲜半岛到达日本，这是早期中国历史上第一次大规模的航海活动，开创了中、日、韩友好往来和文化交流的历史。

徐福是中国古代航海事业的先驱人物，是中国历史上伟大的航海家和中、日、韩友好交往历史的开拓者。徐福东渡是中国航海史和中外交往史上的伟大壮举。徐福东渡有着重要的历史意义，它促进了日本社会的进步和发展，扩大了中国在朝鲜半岛、日本群岛及附近地区的影响，促进了中、日、韩文化交流，对中国航海事业的发展起到了巨大的推动作用。

徐福东渡是中国古代海外开发历史上的里程碑。在两千多年前的古代，徐福能组织如此庞大的船队移民海外，堪称我国古代航海史上的创举。正是徐福，第一次率领庞大的中国船队，驶向遥远的异域，开辟了中国古代的远洋事业。徐福东渡比郑和下西洋早了1600多年，是中国古代航海事业的开创者，是世界航海史的先驱和伟大的航海家。

小知识

“帕拉达”号帆船

“帕拉达”号三桅训练帆船隶属于俄罗斯符拉迪沃斯托克远东国立渔业技术学院，由波兰的格但斯克造船厂建造（船厂建造编号B810/04）。“帕拉达”号是在1989年建成的，同年7月4日正式升旗。该船的船名源于19世纪著名的沙俄海军战列舰“帕拉达”号。“帕拉达”号是现代化的风帆训练舰，由西格蒙德·霍连（Зигмунд Хорен）设计。该船全长108.6米（含首斜桁），宽14米，最大吃水深度6.6米，排水量2284吨。帆船依靠的是风帆来控制船，“帕拉达”号上拥有26面船帆，中帆高度49.5米，帆展面积2771平方米。船上也装有2台功率各为418千瓦的发动机和1个螺旋桨。船上编制船员51人，可提供144名学生实习。2017年8月青岛海洋技师学院9名教师随“帕拉达”号远航。

第二篇 精益求精

1. 严谨求实

2. 一丝不苟

3. 追求极致

1 严谨求实

如切如磋，如琢如磨。

——《诗经》

案例 1

让战舰健康出征

“随舰艇编队出航的维修军工，谁都可以换，迟登亮不能换。”这是亚丁湾护航舰队官兵的要求。

迟登亮，中国人民解放军某船舶维修钳工。山东蓬莱人，中专学历，中共党员，高级技师，山东省首席技师。1996年，在海军“联合96-3”任务中表现突出，荣记三等功；1997年度，被评为海军舰艇技术保障先进个人；1999年度，被评为海军企业劳动模范；2002年度，获得“全国技术能手”称号。2003年度，获得“山东省劳动模范”称号；2005年，获得“全国劳动模范”荣誉称号。

作为一名普通的工人，他在最普通的舰船工作岗位上，30多年来，勇于探索创新，苦练专业技能，为一艘艘战舰驰骋疆场保驾护航，为人民海军的装备保障事业做出了突出贡献。

一、随海军编队出征

2000年8月20日，我国新型导弹驱逐舰113号、大型补给舰575号组成舰艇编队，出访美国、加拿大。迟登亮奉命随113舰出航。8月29日这天，谁也没有想到，113舰给迟登亮出了个大难题：柴油机主机海水泵发生严重漏水故障。经过检查，故障原因为海水泵机械密封损坏。要排除这一故障，必须更换机械密封圈。难就难在这机械密封上。因为，这种主机的维修都是由上海的船厂承担，迟登亮所在工厂虽然有维修多种柴油机的历史，但是从来没有参与过此种柴油机的维修，迟登亮也未曾见过这种柴油机。此刻要快速修复它，而且必须成功，不能不说是道大难题。为确保稳妥，迟登亮仔细研读图纸，参考舰上随带的《柴油机维修手册》，制定出维修方案，就在按照方案进行维修时发现，所修舰主机海水泵是改型泵。怎么办？实操经验丰富的他没有被吓到，他重新调整维修方案，结合实际，重新制定新的维修方案，当方案报给编队领导时，领导表示很忧虑，毕竟自己厂从来没有这方面的经验。“请领导放心，我保证完成任务。完不成任务，请领导处分我。”迟登亮着急，故障后果在不断扩大，时间不等人。经领导同意，迟登亮开始对海水泵进行修理。上午，在舰员的配合下，他开始拆检海水泵。分解后发现，机械密封的动环已经破裂成三块，精环也卡在环壳内弹不出来。中午和下午。他在舰上用车床现场加工制作排除故障的专用工具：M12*250螺栓4根，M12变径接头1个，M30*1.5螺帽、垫片各一个。深夜，实施更换主机海水泵密封部件。早上6点，密封环更换完成，7点，经过一小时试车，获得成功，取得令人满意结果。24小时，迟登亮排除险情。所修舰没有拖累编队，在编队抵达夏威夷前排除故障。

2008年12月26日，他受命参加“蓝盾行动—09”伴随保障任务，是海军装备保障企业里唯一的一名装备保障人员。临行前，工厂党委专门为他召开了送行会议，激励他牢记党员及祖国使命，继续发扬军工人的“敢为人先、敢打硬仗、敢创一流”的工作作风，圆满完成护航装备保障任务。此次护航，让他记忆深刻的是排除某型舰右主机机带海水泵、淡水泵漏水故障。他接到命令后马上钻进机舱，在震耳欲聋的机器轰鸣声中开始工作，他对故障点进行认真排查、分析，不放过任何蛛丝马迹，终于找到了漏水的原因：轴承不好导致机械密封漏水。他“对症下药”，马不停蹄地进行更换和修复，并做到精益求精。所有的工作一气呵成，没有丝毫停顿，也丝毫不感到疲倦。在护航的124天内，迟登亮共排除大大小小故障28项，并采取预检方法，对事故的发生起到很好的预防性作用，受到护航编队首长的高度赞誉，向党组织交上了一份满意答卷。

2009年底，海军首长再次点名迟登亮同志，参加亚丁湾伴随工作保障。迟登亮在心里默默告诫自己：要谨慎、谨慎、再谨慎，努力、努力、再努力！2010年4月20日，在护航期间，柴油机单机低速使用时，左柴油机箱装体振动大。在双柴油机工况时，两台柴油机箱装体同样振动大。4月22日，振动有加重趋势。当护航任务结束停车时，迟登亮即刻投入故障排查中。他发现左柴油机万向联轴节齿轮箱输入端万向联轴节十字轴承跳动严重，温度高且有变形。感觉事态不妙，他不顾机舱的高温和噪音，仔细查找故障原因。经排查，是万向联轴节十字轴承损坏变形引起振动。幸运的是，故障发现及时，没有造成更大损失，遂决定停止左柴油机工作。后经岸基保障，完成左万向联轴节更换、安装工作。经试验，左柴油机恢复正常，振动消除。伴随保障过程中，迟登亮贯彻编队首长提出的“主动维修理论”，在主动力装备保障中做了大量预检、巡检等预防性工作。例如，及时记录各项热工参数，对各种装备进行有计划的定时、定期检查、检修；收集、整理装备故障信息，总结故障原因、排除方法和工具、工装及配件使用情况，做到举一反三，防微杜渐。这些措施使舰船主动力系统始终处于可控范围内，在一定程度上预防和避免了事故的发生，为我国海军在亚丁湾顺利护航提供可靠保障。这次伴随保障共计192天，航行39985万多海里。迟登亮再次以精湛的技艺圆满完成了任务，受到海军各级首长的好评。

自1997年开始，迟登亮先后10余次随海军舰艇编队出访，担任我国产新型导弹驱逐舰主动力的技术保障工作，经历了五大洲、三大洋，访问27个国家、30个港口，总航程约25万海里，受到海军各级首长和部队官兵的高度信任和赞扬，堪称是远洋海军的守护者。他用自己的实际行动证明了自己的爱国精神！

二、获得“中华技能大奖”

“中华技能大奖”的评选表彰制度自1995年建立，每两年举办一届，是目前国家对优秀技能人才的最高奖励，获奖者有“工人院士”的美誉。2012年12月8日，在全国第十一届高技能人才表彰大会上，迟登亮荣获全国技能人才最高奖——“中华技能大奖”，成为我国军队企业中“中华技能大奖”的第一个获得者。

“30年来，我在舰船维修专业上先后攻克了130多项技术难关，为部队直接节省装备维修费2000多万元，带出来40多个徒弟。如果问我还有什么想法的话，那就是：守住自己的承诺，在装备保障这个岗位上，为部队、为我们伟大的国家，赤诚永远，奋斗终生！”这是劳模迟登亮的心声。

迟登亮热爱着他从事的海军装备保障事业，尤其对新装备有着浓厚的兴趣，因此，钻研装备，探索未知，在工作中争当尖兵、同行业中争创一流成为他矢志不渝的追求。

2002年春天，我海军编队进行首次环球航行，在停靠土耳其军港码头时，“青岛舰”2号辅机前高压油泵油量拉杆机械故障，根据规定，此类设备必须由德国公司的专门人员维修，我方人员只能配合参与。可就在德国专家查出故障原因并更换了新高压油泵后，重新组装了的机器竟然不听话地不启动。尽管语言不通，但从德国专家们那惶惑焦急的眼神中，迟登亮感到了他们的无奈和不安。迟登亮心里有底，他从容地走上前去，在翻译的协助下，就如老师教学生那样，一个一个问题地帮助德国专家进行分析：是不是盘过车的油泵又出了问题？是不是组装程序出了差错？此时的德国专家们不再傲慢，一步步地听从他的指导，拆开机器一看，果然是传感器装反了。“中国水兵真了不起！”德国专家竖起大拇指。

30多年来，迟登亮累计培养出40多个徒弟，他们大多数目前已经成为工厂的技术骨干。2008年、2010年、2012年连续三届青岛市职业技能大赛中，他所带的5个徒弟分别荣获船舶钳工比赛冠、亚军。迟登亮认为：“干维修要先看人品，二者是分不开的，只有内心‘纯净’的人，甘愿奉献给行业，才能获得成就。”

三、当工人照样能成才

迟登亮来自山东蓬莱，17岁那年顶替干钳工的父亲来到工厂。他从小就喜欢拨弄机械，上小学时，就能给小伙伴们制造出活灵活现的玩具小手枪。在生产队里盖房子，学会了木匠、瓦匠、电焊、气焊、拉水管的工作；初中毕业后，在村广播站又干了近一年的电工，他画出了全村的广播线路图，还自己动手拉线。接到进厂通知以后，仍坚持着架完了全村的照明电线才上路。上述经历，为他在船机电修理一体化的进程中施展身手打下了基础。

他所在工厂有出高级钳工的传统。1998年初，当时的轮机车间1组组长、轮机钳工技师王友青获得第四届“全国技术能手”称号。这是国家1995年建立“全国技术能手表彰制度”以来，海军第一个获此荣誉的工人，他也是当时全军唯一的工人代表。2002年12月，轮机车间1组组长、轮机钳工技师迟登亮获得第六届“全国技术能手”称号，仍然是本届全军唯一的工人代表。一个工厂四年内出了两位“全国技术能手”，俩人出自同一个生产小组，获奖时都担任该组组长，而且是师徒俩，可谓薪火相传。迟登亮担任组长的1组有22个人，大多数是从技校毕业没有几年的年轻人，在技术上还不成熟，急需培训。他说，自己在车间里干了几年以后，再进厂技工学校学习，才发现那些看似平常的教科书里阐述的知识，在生产一线上是多么的管用，这些前人总结提炼的技术理论，具有很强的针对性。学习课本上的理论知识，结合平时遇到的问题，时常有顿开茅塞、豁然见光的感觉。因而，迟登亮至今仍然如饥似渴地学习。他还经常以老组长王友青刻苦学习、钻研技术的事例来激励这些年轻人，让他们懂得，能够承揽“瓷器活儿”的“金刚钻”不是什么人白给的，要想得到它，必须经过一番艰苦的磨炼。

当技术能手，首先要技术超群。迟登亮的特点是：不囿于传统修理经验的局限，但又能在既有基础上运用拓宽思路、综合分析、另辟蹊径的方法，解决一些重大技术难题，从而成为军工战线上新型技术工人的代表。“要在关键时刻免于被动，必须一专多能”，这是迟登亮的切身体会。在一次环球航行中，青岛舰自动舵反馈电机的小轴断裂，接不到输送信号的自动舵失灵。这时，当务之急是车出一个相同尺码的电机轴，但技术保障人员中没有专业车工。后来找来了，年轻的轮机兵对车出这样精致的小轴心里没底。迟登亮主动把料接过来，小心翼翼地操纵着床子，依照原件一道一道地车着，又钻出2毫米的小销子眼，掂在手心里，新旧两个小轴恰似一对“双胞胎”，穿上销子，自动舵重新接到信号，又开始转动了。

“我的岗位无差错，我的工作请放心”是迟登亮实践的诺言。迟登亮对“工匠精神”有独到的见解。他说：“三百六十行，行行出状元，只有对工作具备丰富的经验并追求精益求精和严谨的精神的人才能称之为工匠，再把这些精神通过自身传给他人，才是‘工匠精神’的真谛！”迟登亮在海军装备保障维修事业中工作了三十余年，其高度的事业心、责任感，优秀的职业道德水平，勤勤恳恳、忘我奉献的精神，感染、带动了一批批的装备维修人，为工厂培养了一批海军装备技术保障人才，为实现中华民族伟大复兴的梦想贡献出自己力量。

小知识

亚丁湾护航

亚丁湾护航是从2008年底开始中国海军在亚丁湾索马里海盗频发海域护航的一项军事行动。这项军事行动是中国中央军委根据联合国有关决议，参照有关国家做法，并得到索马里政府的同意后进行的。

中国海军护航行动的主要内容是：保护航行该海域的中国船舶及人员安全；保护世界粮食计划署等世界组织运送人道主义物资船舶安全。通常护航编队在结束护航任务后，还会对一些航线沿岸国家进行以加强双方军事合作为目的的舰艇访问活动。

2018年12月9日上午，海军第31批护航编队从湛江某军港解缆起航，奔赴亚丁湾、索马里海域执行护航任务。

案例 2

工业革命的弄潮儿

科学需要严谨求是的态度、吃苦耐劳的精神，更需要去伪存真的本事。严谨是什么？严谨就是不放松对自己的要求，就是严格按照规矩做人做事，就是在别人苟且随便时自己仍然坚持操守，就是高度的责任感和敬业精神，就是一丝不苟的做人态度。

严谨，是德国精工制造的源头；严谨，是造就日本工业奇迹的秘密。消灭1%失误的有效办法就是让每个人都养成“零失误”的严谨求实的工作习惯。在数学上，越多的0.99相乘，结果就会与1相差越远。如果每个环节都做到0.99，那么结果可能就是一个很小的数值。由于“差不多文化”在社会上的消极影响，我们的工作和生活中有不少“差不多先生”和“马虎小姐”。做事随便马虎，差不多就行，是一种与“工匠精神”格格不入的错误观念。马虎就好比是一只可怕的怪兽，在这个世界上，没有什么比它更能吃掉胜利的果实、摧毁成功的希望了。20世纪60年代初，世界质量管理大师菲利普·克劳士比提出了“零缺陷”概念，日本制造业在全面推广“零缺陷”管理后，产品质量大幅度提高，并一直保持世界领先水平。

人们经常谈论“工匠精神”。一般人将“工匠精神”理解为对工作认真负责和精益求精的态度，其实，在更宽广的意义上，需要严谨地从科学技术史的角度来认识。

18世纪60年代，蒸汽机的改造和应用将人类带入了蒸汽时代，引领了第一次工业革命；19世纪70年代，内燃机和电动机的改造和应用将人类带入了电气时代，引领了第二次工业革命；20世纪四五十年代，原子能技术、电子计算机和空间技术的发明与应用，将人类成功带入了第三次科技革命，为现今世界科技的发展奠定了坚实的基础。

在人类每一次的工业发展和科技进步中，起到最重要推动作用的发明和创造可能都不尽相同，然而综观历史我们就不难发现，在任何一次工业发展和科技进步的背后，都有着同一股强大的力量造就了一次又一次的奇迹——它是一种精神，却能对物质世界产生极大的影响力；它是一种信念，是创新和突破的基础；它是一种精益求精的心态，给工业的一次次发展提供了“资本”。它就是“工匠精神”，一种承载着无限力量的可贵品质。

瓦特（1736—1819）

一、瓦特和蒸汽机的结缘

1736年1月19日，瓦特出生在英国克莱德河湾上的港口小镇格里诺克。父亲是一位造船技术工人，后来从商。母亲出身贵族家庭，受过良好的教育。

在瓦特的家里，一直悬挂着物理学家牛顿（1643—1727）和数学家纳皮尔（1550—1617）的画像，这给瓦特很大的影响。他暗暗下定决心，一定要成为像牛顿、纳皮尔一样有所作为的人。

其实在瓦特改造蒸汽机之前，蒸汽机早就已经被发明，然而这并没有给工业带来革命性的发展，原因在于蒸汽机发明后缺乏具有“工匠精神”的人继续在这一领域去实现突破和改进，直到瓦特开始改造蒸汽机。正是怀揣着严谨的“工匠精神”，瓦特才能坚持不懈地克服一个又一个困难，最终成功将蒸汽机改造得更具有实用性，带来了人类历史上的第一次工业革命。

由于父亲的影响，他从小熟悉一些机械知识与工具的使用。瓦特幼年时体弱多病，不能上学，由他母亲教他读书写字，有时还指导他学习数学知识。而瓦特也非常用心去学，总是一学就会。18岁后他到伦敦一家钟表店当学徒，在业余时间还努力学习。

1756年瓦特返回家乡苏格兰，打算自己开业制造机器。但是由于他当学徒的年限不够，按照当地政府的规定，不能独立开业。于是他只好在格拉斯哥大学谋了一个修理与制作教学仪器的工作。

1763年，格拉斯哥大学的一位教授委托瓦特修理纽可曼蒸汽机的模型，瓦特当时对蒸汽机所知不多，他便边学边修，并且对蒸汽机产生了浓厚的兴趣。蒸汽机的模型很快就修好了，他从此与蒸汽机结下了不解之缘。他进一步研究发现，纽可曼的蒸汽机效率很低，耗费蒸汽太多。为了解决这个问题，瓦特对不同气压之下的水的沸腾现象进行了大量研究。他发现水在大气压之下变为蒸汽时，体积扩大了1800倍。而纽可曼的蒸汽机效率之所以低是由于在用水去冷却汽缸时，汽缸的温度变冷了，这样汽缸又要消耗过多的蒸汽去再加热。

1765年5月瓦特提出了使蒸汽从汽缸排入另一容器的想法，这个容器后来被称为冷凝器。经过反复试验与改进，他的装有冷凝器的蒸汽机在1769年制成了，并在同年的4月25日提出了专利。新的蒸汽机效率提高了很多。

瓦特的另一项重要发明是在蒸汽机上安装了离心调速器，这大约是1782年的事情。这种调速器的构造是利用蒸汽机带动一根竖直的轴转动，这根轴的顶端有两根铰接的等长细杆，细杆另一端各有一个金属球。当蒸汽机转动过快时，竖轴也转动加快，两个金属小球在离心力作用下，由于转动快而升高，这时通过与小球连接的连杆将蒸汽阀门关小，从而使蒸汽机的转速也降低。反之，若蒸汽机的转速过慢，则竖轴转动慢了，小球的位置也便下降，这时连杆便将阀门开大，从而使蒸汽机转速加快。离心调速器是一个基于力学原理的发明，它是蒸汽机普及应用的关键，也

伦敦科学博物馆内的瓦特工作室

是人类自动调节与自动控制的开始。由于人们能够自由地控制蒸汽机的速度，才使蒸汽机应用于纺织、火车、轮船、机械加工等行业，才使人类大量使用自然原动力成为可能，这才有产业革命的第二阶段。

1784年4月，英国政府授予瓦特制造蒸汽机的专利证书。1785年瓦特被接受为英国皇家学会院士。马克思曾经评论说，瓦特的伟大天才表现在他所取得的专利的说明书中，他没有把自己的蒸汽机说成是一种用于特殊目的的发明，而是把它说成是大工业普遍应用的发动机。

瓦特改进的蒸汽机很快普及，到1790年，老式的纽可曼蒸汽机已经看不见了，到1790年大约有500台蒸汽机在英国工作。经过了大约不到100年，到了1868年，仅仅在英国就有7.5万台蒸汽机。1805年，在美国，蒸汽机被装上了汽车作为动力。1807年，出现了以蒸汽机为动力的轮船。1825年制造出了可以在轨道上行驶的蒸汽机车。

在罗尔特所著的《詹姆斯·瓦特》中说，瓦特蒸汽机巨大的、不知疲倦的动力使生产方式以过去所不能想象的规模走上了机械化道路。

在瓦特的讣告中，对他发明的蒸汽机有这样的赞颂："它武装了人类，使虚弱无力的双手变得力大无穷，健全了人类的大脑以处理一切难题。它为机械动力在未来创造奇迹打下了坚实的基础……"为纪念瓦特的贡献，国际单位制中的功率单位以瓦特命名。

二、瓦特成功的内在条件

社会大生产的需求和科学技术的发展是瓦特蒸汽机发明的外部因素，而纵观瓦特自身所具备的素质，也无疑起了很大作用。

瓦特具有很高的科学素养，他尽管没有上过大学，但受过完整的中学教育，并且成绩也是名列前茅的。尽管是个工匠，但瓦特对科学知识充满了强烈的求知欲，这也是他选择在格拉斯哥大学工作的原因，而这段经历让他有机会掌握了更前沿的科学理论。瓦特参加的科学社团——圆月学社的活动扩展了瓦特的科学见识，形成了正确的科学思想。瓦特之所以能发现纽可曼蒸汽机的缺点，就是因为他学习并掌握了布莱克教授的潜热理论和热容量的概念。

瓦特的性格虽然过于谨小慎微，并且极端固执，但也有想象力丰富的一面，在问题面前总是能想到新的方法。瓦特的谨小慎微固然严重影响了蒸汽机的改进速度，但这也造就了瓦特蒸汽机的高质量：机身稳重、运转起来准确平静，体现了制造者的独具匠心和对工艺的精益求精。说瓦特执拗，倒不如说他意志坚定，严谨求实。

三、严谨求实，确保工作零失误

“零失误”不是说人们永远不犯错误，而是说我们不应该在一开始就以一种“错误是可以理解的”“标准可以降低一些”的心态来对待工作中可能出现的错误。

“二战”时，巴顿将军通过一份报告了解到，牺牲的战士中有一半是在跳伞时由于伞包质量出现问题而牺牲的，这令他十分恼火，于是亲自赶到兵工厂，并让人把负责生产降落伞的人叫到自己面前。这名负责人说：“报告将军，这些年我们一直都非常重视产品质量，合格率已经达到99.9%。”

巴顿怒斥道：“每个降落伞背后都是一个士兵的生命，你就不能做到100%合格吗？”这名负责人很为难地说：“将军，99.9%已经是我们的最高极限了。”

巴顿随意从生产线上拿起一个降落伞包，对那名负责人说：“我现在命令你马上带着它上飞机，跳伞！”这个伞包刚下线，还未经过安全检验。这名负责人脸色惨白，胆战心惊地拿着伞包上了飞机。

他运气不错，终于平安地降落到地面。看着一脸狼狈的负责人，巴顿严厉地说：“从今天起，我会不定期来这里，命令你背着新做好的降落伞从飞机上跳下去。”

从此以后，降落伞的质量就达到了100%。

由此可见，产品质量做不到100%合格，不是技术问题，而是一个态度问题。“大国工匠”胡双钱35年加工过数十万个飞机零件，从来没出现过一个次品。面对这个令人震惊的记录，胡双钱只有平淡的两个字：用心。只要用心严谨，工作零失误不是做不到的。

智能工业时代，同样需要严谨的“工匠精神”。我国的载人航天事业，同样是“零失误”的成功典范。载人航天，人命关天。必须保证各个细节都完美无误，所有设备都要具有无与伦比的高质量，过程中每一个可以预计的偏差都要被精确把握并掌控，任何一个小的差错都可能导致毁灭性的后果。在载人航天飞行的过程中，航天员还要用自己的严谨操作为飞行再上一道保险。数十家配套单位，无数航天人齐心协力地严谨工作，才能使每一个细节都万无一失。

传统的“工匠精神”代表着一种追求细节完美、专注严谨的工作作风，以及不惜花费时间精力的工作态度。随着新时期工业技术的进步，大规模机器自动化生产时代随之到来，新一轮科技革命席卷全球。新时期所倡导的“工匠精神”，只是作业工具和工作任务发生变化，精益求精、严谨求实的精神内核并没有改变。如果想在成功之路上走得更远，务必要有严谨求实的人生态度和事业态度做坚实的支撑。严谨求实，才能成就自己的美好人生！

小故事

瓦特和开水壶故事

瓦特在厨房里看祖母做饭，灶上有一壶开水，壶盖“啪啪”作响，不停地往上跳动。对于这种司空见惯的事，瓦特却感到好奇，猜不透是什么缘故使壶盖跳动，就问祖母，祖母对此漫不经心并有些不耐烦。于是，他就蹲在火炉旁边细心地观察，刚烧水时壶盖很安稳，水要开了，壶里的水蒸气冒出来，推动壶盖跳动了，他把壶盖揭开盖上，盖上又揭开，反复验证。他还把杯子、调羹遮在水蒸气喷出的地方。瓦特终于弄清楚了，是水蒸气推动壶盖跳动。瓦特从此沉迷其中，努力不辍，终于发明了蒸汽机。

2 一丝不苟

人的思想是了不起的，只要专注于某一项事业，就一定会做出使自己感到吃惊的成绩。

——马克·吐温

案例 3

灯塔、老人与诗

每个人在刚刚踏入工作岗位的时候都是意气风发，想象着自己能够干出一番事业。有梦想和追求是一件好事，它为人生的道路设立了目标，有了目标就有了努力和奋斗的方向。然而随着时间的流逝，很多人满心的斗志被渐渐地消磨殆尽。最终，每天的工作都在浑浑噩噩中度过，忘记了初心，丢弃了理想。一个人的成功不但与当初设立的目标有关，更重要的是应在这个过程中不断地鞭策和提醒自己：不忘初心，牢记使命，成就自己的梦想。

王炳交——团岛灯塔守塔人、全国劳模

有一个人就是这样想的，也是这样做的。在40多年的时间里，把自己拘在一个几亩大的小院里，日复一日地重复同样的工作，这种听起来像是“坐牢”的日子，你过得下去吗？他就是团岛灯塔的守护人——王炳交。尽管现在已经退休，但42年的陪伴，他已经割舍不下这座灯塔，退休后又被单位重新返聘回这里，像这座百年灯塔一样，继续发光发热。

王炳交，男，汉族，1957年2月出生，山东日照人。1976年1月，19岁的王炳交入伍，被分配到北海舰队航标中队团岛灯塔担任航标兵，曾任青岛市政协委员、北海航海保障中心青岛航标处团岛灯塔灯塔长。他研制的“航标灯状态自动监控装置”，获得国家专利。青岛海洋技师学院特聘他为客座教授。他先后做出十多项重大技术革新，于2002年获得全国“五一劳动奖章”，2005年成为全国劳动模范并享受国务院特殊津贴，2012年获得“全国技术能手”称号。在他的坚持下，团岛灯塔不但没被拆除，反而为青岛港发挥着日益重要的导航作用。2006年5月26日，国务院批准团岛灯塔为全国重点文物保护单位。作为青岛市政协委员，他的《如何保护胶州湾》提案于2016年1月被评为优秀提案。

一、守在塔里的“技术宅”

团岛灯塔也叫游内山灯塔，位于青岛台西半岛最西端的小岛，海拔仅24米。德国占领青岛后，将团岛连同周边的几个岛屿填平并与大陆相连，此地距对岸的薛家岛仅3000余米，为扼守胶州湾的要地。因胶州湾湾口处水流湍急并有暗礁分布，出于对港口发展的考虑，需建设先进的导航设施。团岛灯塔便是最早兴建的出入港指示灯塔之一，1898年即开始砌筑，1900年工程竣工，德国人在安装了灯具及相关设施后于12月1日正式启用，如今已经在青岛服役了118年，但在王炳交的细心呵护下，时间并没有在这座古老的建筑上留下太多的痕迹。许多参观者对于团岛灯塔的第一印象就是这座坚守了百年的灯塔看上去依然像新的一样，似乎还要坚守下一个一百年。

“刚来的时候，环境跟现在没法比。”王炳交感慨地回忆起当初1976年刚刚被分配到这里时的情形。那时候的灯塔就像是一个已经超期服役的机器，塔上的零件也是隔三岔五就坏，王炳交每天就是一个想法，那就是怎么给灯塔更换零件，让它能够继续为船舶指引方向。

王炳交说：“那时候日子苦，一个月赚几块钱，所以总是想着少花钱把灯塔修好。”

1984年，团岛的雾号设备在性能上已降到最低限度，由于设备是进口的20世纪50年代产品，既无图纸，又无配件。于是他一寸一寸地摸索，贴上白胶布编上号一点儿一点儿地拆，再根据标记和画好的草图组装，经过两个多月的摸索，终于查清了紊乱的线路，更换了老化的管线，使老设备焕然一新。这台被称为“海牛”的设备也是目前我国正在使用的唯一一台雾号设备。在40多年的时间里，王炳交几乎天天都要对这个15.4米高的“老古董”进行检查，每一个按钮、每一颗螺丝、每一条电线都要仔细地过目，把自己变成了有着一双“火眼金睛”的“技术宅”。

在守塔的日子里，无论是寒冬还是酷夏，王炳交都会对灯塔细心地呵护。每到夏季，灯泡都会因为过热的问题频繁烧坏，王炳交就在水晶透镜内的灯泡底座处安装了小风扇，在顶部安装了排热筒，这样灯泡就不会因为积攒了多余的热量而烧坏。冬季的灯泡由于灯丝温度太低，在电流接通的一瞬间会导致灯泡烧毁，王炳交就在配电箱中安装了一个滑动变阻器，每次开灯，变阻器都会慢慢地转动调整到灯泡所需要的电压，而这项小发明就保证了灯泡的正常工作。除此之外，他还自己设计制作了停电报警装置、灯塔灯光同步显示器、航标灯状态自动监控装置等，不仅降低了劳动强度，提高了工作效率，还为国家节省了大量的航标经费。

然而并不是空凭一腔热血就可以守好灯塔，要保证这个“老伙计”能够正常服役，王炳交在这上面可是下了一番苦功。德国人所建造的团岛灯塔设备结构复杂，只有初中文化水平的王炳交为了能够搞清楚原理，刻苦地自学了无线电基础理论、电工学、无线电显示等课程，并且牺牲了个人的休息时间去请教无线电老师，久而久之，王炳交对灯塔的上上下下、里里外外都了然于心，柴油机、油漆、焊接、电路控制等样样在行，灯塔的日常保养维修他都能够一人承担、不在话下，成为名副其实的技术“大拿”。

二、“守在这里我就特安心”

提起守塔的工作，人们对它的普遍印象就是：虽然孤独，但很清闲。真实的情况是，守塔人每天都需要在这个15.4米高，配有27节楼梯的灯塔上下来回走动。而在楼梯之上是一个近80度的旋梯入口，灯笼的内径只有2.6米，这留给王炳交的工作空间不到1平方米。他每天的主要工作就是分步骤对灯塔外部、水晶凸透镜和顶端铜球等部位精心擦拭、除锈、打光、涂漆，等这些都忙完了，大半天的时间也就过去了。

这个接近16米高的灯塔塔顶是半圆形的，普通人光是站在上面都会眩晕不止，更别说是工作了。王炳交说，一年四季就属夏、冬两季最为辛苦。夏天，阳光的烤炙往往让灯笼里的温度高达40多度，人就像站在烤箱里一样，就算是一动不动，站在上面一会儿也会汗流浃背，更不用说给烫的像烙铁一般的灯笼打磨因为海风腐蚀而产生的铜锈了。冬天，刺骨的寒风呼啸而来，人站在灯塔之上更是被冻得双腿直打哆嗦，而且海上的强风吹得人睁不开眼睛，稍不留神，就会有摔下去的危险。

尽管如此，王炳交从来没有退缩，每次都是抢着去干。给灯塔平台外沿部分刷漆是一项困难的工作，但是对于王炳交来说都不在话下。他每次都是先拎着油漆桶爬到灯塔顶部，然后铲旧漆、刮泥子、涂新漆，一道道工序在他的双手之间一气呵成，没有丝毫拖沓和错误，而这些更成为王炳交的拿手绝活儿。

很多人都会感到不理解，这项工作既枯燥又辛苦，还要一个人独自守塔，把自己最好的青春年华都献给了这里，一守就是大半个辈子，到底图个啥？面对这个问题，王炳交是这样回答的：“这个问题有很多人都问过我，在别人看来我的理由实在是让旁人难以理解，然而我的理由能够说服我自己就足够了，如果顾及旁人的眼光我就干不下去了。”那么，王炳交说服自己的理由到底是什么？他说：“我的理由很简单，也不是什么大道理，对我来说每天守着灯塔让它能够正常地工作正常地发光就是我一生最大的幸福，而这种幸福是没法跟别人分享的。”

三、当一座永不退休的灯塔

在灯塔原址的院子里有一座灯塔博物馆，它是由王炳交一手建起来的，里面全部都是王炳交在这40多年来换下来的灯塔零件，他都没舍得扔，就给它们在岛上安了一个家。

这些灯塔零件在别人看来也许一文不值，但对王炳交来说它们就像宝贝一样，每一件老物件王炳交都能够如数家珍般地道出。其中有一个故事让王炳交至今记忆犹新。灯塔上有一个透镜是水晶材质的，这种材质的透镜在国内灯塔上是十分罕见的，它是由英国的一家公司制作的，但是随着设备使用年限的临近，许多设备随时都需要更新换代，这面水晶透镜也面临着随时都会被拆除的命运。

回想起当年为了想方设法留住这面有着特殊意义的水晶透镜，王炳交可是在这上面磨了不少的嘴皮子。20世纪90年代初，有关部门以设施老化为由，提出要拆除团岛灯塔。王炳交一听跳了起来：“如果要拆塔，先把我拆了！”尽管人微言轻，可此等重话，也着实震动了上上下下的人。他苦口婆心，力争不退：“这个塔快100岁了，它发挥的导航作用，每年能给国家创造可观的经济效益；仅导航的那个水晶灯，就是举世无双的宝贝啊，灯塔已成我国文物，万万拆不得！”当时有人讥刺他多管闲事，他为此受到压力和白眼。“这座百年灯塔亲眼见证了青岛这座城市的发展，也是青岛历史发展的进程中不可或缺的组成部分，一定要保留下来，它就像泛黄的老照片承载着一代人对于老青岛的记忆，也能够让子孙后代通过它更好地了解这座城市的过去。”王炳交说道。

如今，这座耸立在海岬上已有118年的团岛灯塔被列为全国重点文物保护，在王炳交的坚持下，水晶灯也得到了保留，这是让他颇为自豪的一件事。

除了收集这些老物件，团岛灯塔跨度近百年的文字记录也被王炳交小心翼翼地保留了下来，让团岛灯塔的历史得以用文字的方式流传了下来。

“这里现在已经成为团岛灯塔的历史博物馆，每年都会吸引非常多的学生前来参观。在这里，人们不仅可以见证团岛灯塔的历史，同时也能够通过这座灯塔来了解青岛过去的点点滴滴。”王炳交说，虽然自己已经退休了，但是让他高兴不已的是，自己又拿到了单位的返聘合同，能够再次回到自己熟悉的灯塔。

王炳交的一位朋友对此有感而发，题诗《团岛守塔人》赠他：清末月暗民初变，坦岛依旧扼胶湾。世纪灯光穿夜过，一夫独守俩廿年。

四、坚守自己，照亮别人

2005年王炳交获得了全国劳动模范的荣誉，这与他默默地坚守与奉献是分不开

的。“你是灯塔，照耀着黎明前的海洋。”这句歌词正是歌颂出了王炳交这位守塔人的伟大。在黑夜里，灯塔的光亮为一艘艘航行在海面上的船只送去了指引的方向。它给入港的船只送上了回家的温暖，它为离港的船只送去了远行的祝福。王炳交是“工匠精神”中一丝不苟的典范，同时他也有着工匠人刻苦钻研的精神，正是这种精神支撑着这位守塔人40多年以来默默地守候着灯塔，坚守自己，照亮别人。

王炳交不但是一位守塔人，还是一名诗人。他的创作灵感来源于生活，但同时又高于生活。他用自己对职业的执着和对生活的热爱，巧妙地淡化了一些苦难与悲伤，而将所剩的光明与微笑毫无保留地献给了人们。他对社会的思考更是涵盖了多个方面。他赞美社会的美好与国家的强盛，爱国之心跃然纸上。在王炳交的眼中，社会建设需要积极的态度，人生追求更需要向上的动能。

随着时代的发展，工匠们的工作也许会被机器所取代，但是“工匠精神”是不可能被取代的。从古至今，薪火相传的能工巧匠留下了不可胜数的传世之作，同时也将“工匠精神”传承至今。我们要做的不是怀念“工匠精神”，而是借它唤醒每个人更高更远的人生追求。它代表着一个时代的气质，也为每一个时代注入了新的活力。

小动手：迷你灯塔的制作

1. 材料：白色塑料胶带；大号红色塑料杯；小号透明塑料杯；黑色卡纸；胶水；电池小夜灯。

2. 迷你灯塔的制作步骤

（1）红色塑料杯上缠三圈白色胶带。

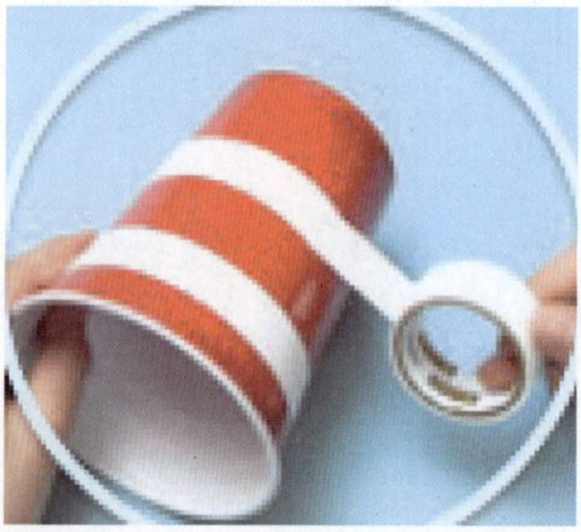

（2）沿着透明塑料杯的底部在黑色卡纸上画一个圆圈。

（3）下圆圈和两个小长方形（当作灯塔的窗户），再剪一个大长方形当作灯塔的门。

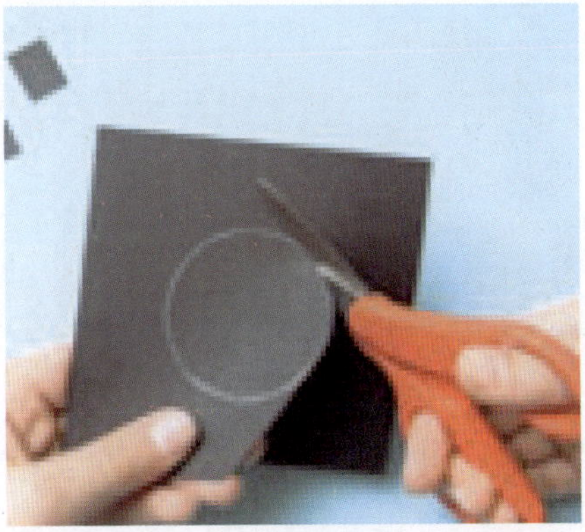

（4）剪掉一部分透明塑料杯，将剩余部分套在红色塑料杯上了。

（5）黑色圆卡纸粘贴到透明塑料杯的底部。

（6）红色塑料杯倒置，粘贴好黑色卡纸做的窗户和门，把小夜灯放在顶部。最后套上透明小塑料杯。

（7）欣赏一下自己的作品。

案例 4

木匠鼻祖

中国木匠鼻祖鲁班（前507—前444），春秋时期鲁国人，姬姓，公输氏，名班，人称公输盘、公输般、班输，尊称公输子，又称鲁盘或者鲁般，惯称“鲁班”。鲁班的名字实际上已经成为古代劳动人民智慧的象征。两千多年来，人们把古代劳动人民的集体创造和发明也都集中到他的身上。因此，有关他的发明和创造的故事，实际上是中国古代劳动人民发明创造的故事。鲁班的名字实际上已经成为古代劳动人民智慧的象征。

据《事物绀珠》《物原》《古史考》等古籍记载，木工使用的不少工具器械都是他创造的，如曲尺、墨斗、刨、钻、锯等工具传说都是鲁班发明的。这些木工工具的发明使当时工匠们从原始繁重的劳动中解放出来，劳动效率成倍提高，土木工艺出现了崭新的面貌。后来人们为了纪念这位名师巨匠，把他尊为中国土木工匠的始祖。

传说锯也是鲁班所发明。其实，据考古学家发现，居住在中国地区的人类早在新石器时代就会加工和使用带齿的石镰和蚌镰，这些是锯子的雏形。鲁班出生前数百年的周朝，已有人使用铜锯，“锯”字也早已出现。

曲尺。曲尺最早的名称是“矩”，又名“鲁班尺”。

墨斗。墨斗是木工用以弹线的工具，传为鲁班发明。此工具以一斗型盒子贮墨，线绳由一端穿过墨穴染色，已染色绳线末端为一个小木钩，通过弹线为加工物品标上准线。

云梯。云梯是古代攻城用的器械。《墨子·公输》记载，“公输盘为楚造云梯之械，成，将以攻宋”。《战国策·公输盘为楚设机章》写到墨子往见公输般时说，“闻公为云梯”。《淮南子》曰：鲁班即公输般，楚人也。乃天子之巧士，能作云梯。《淮南子·兵略训》许慎注：云梯可依云而立，所以瞰敌之城中。

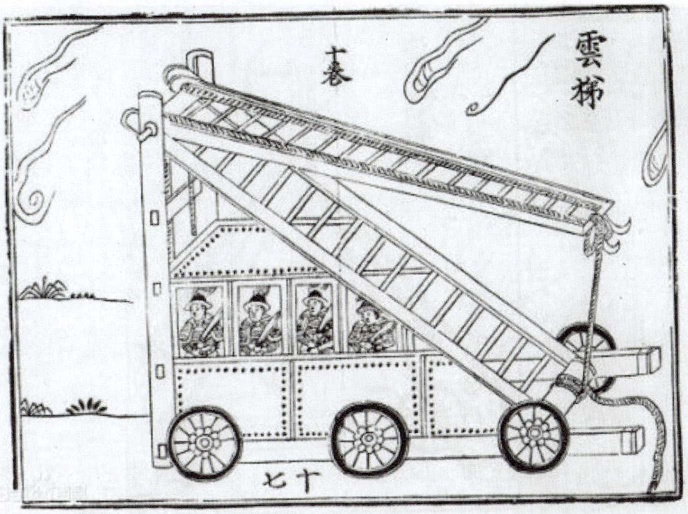

石磨。传说鲁班用两块比较坚硬的圆石，各凿成密布的浅槽，合在一起，用人力或畜力使它转动，就把米面磨成粉了。这就是我们所说的磨。在此之前，人们加工粮食是把谷物放在石臼里用杵来舂捣，而磨的发明把杵臼的上下运动改变做旋转运动，使杵臼的间歇工作变成连续工作，大大减轻了劳动强度，提高了生产效率，这是古代粮食加工工具的一大进步。

机封。《礼记·檀弓》载，鲁班设计出“机封”，用机械的方法下葬季康子之母，其技巧令人信服。但当时盛行厚葬，这种方法未被采纳。

雕刻。《述异记》记鲁班曾在石头上刻制出“九州图”，这大概是最早的石刻地图。此外，古时还传说鲁班刻制过精巧绝伦的石头凤凰。

一、被墨子所屈

传说鲁班为楚国的水军发明了“钩”和“拒”，当敌军处于劣势时，“钩”能把敌军的船钩住，不让它逃跑；当敌军处于优势时，“拒”能抵挡住敌军的船只，不让它追击。楚军有了钩、拒后，无往不胜，鲁班也无愧为军工专家。一天，鲁班向墨子夸耀说：“我有舟战的钩和拒，你的义也有钩和拒吗？”墨子主张和平、反对战争，鼓励人们相敬、相爱，仁义至上。他于是回答：“我是用爱来钩，用恭来拒。你用钩钩人，人家也会钩你；你用拒拒人，人家会用拒拒你。你说‘义’的钩拒，难道不比‘舟’的钩拒强吗？”鲁班无言以对。

鲁班又拿出他的发明——一只木鹊，它可以连飞三天而不落地。墨子却说：“这木鹊还不如一个普通工匠顷刻间削出来的一个车辖，车辖一装在车轴上，车子就可以负重五十石东西；而你的鹊有何实际作用呢？木匠做的东西，有利于人的称为巧，无利于人的只能叫作拙。”鲁班听完，深知墨子的哲理。鲁班曾做云梯助楚国攻宋，墨子前来阻拦出兵，在楚王宫中以衣带为城，以竹片为器，与鲁班相斗，鲁班的攻城器械都用尽了，墨子的守城办法还有余，最终鲁班心服口服，而楚王也放弃攻宋。

二、有眼不识泰山

俗话“有眼不识泰山”中的泰山可不是山东的那个泰山，这里还有一段小故事。

鲁班，手艺巧夺天工，非常高明。传说他曾用木头做成飞鸟，在天上飞三天三夜都不下来。可就是这样一位高人，也有看走眼的时候。鲁班招了很多徒弟，为了维护班门的声誉，他定期会考察淘汰一些人，其中有个叫泰山的，看上去笨笨的，来了一段时间，手艺也没有什么长进，于是鲁班将他扫地出门。几年以后，鲁班在街上闲逛，忽然发现许多做工精良的家具很受人们欢迎。鲁班想，是谁这么厉害，有人在一旁告诉他：“就是你的徒弟泰山啊。”鲁班不由感慨地说：“我真是有眼不识泰山啊！”

三、鲁班精神的现实价值

鲁班精神的本质是科学精神，其核心内容包括尊重科学的态度、敢于创新的勇气、自我反省的魄力和乐于奉献的胸怀。在知识经济时代，科技创新能力是一个国家的核心竞争力的体现，而创新是鲁班精神的灵魂。鲁班善于观察和思考，根据实际情况创造性地解决实际问题，极具首创精神。鲁班以他的创造发明、聪明才智，在中华民族数千年的文化历史中，树起了一座丰碑。鲁班精神在各个时代被不断地补充、丰富、弘扬和传承，成为中国文化的匠心所在。为了名利而工作，一个人永远无法给后人留下传世精品，更无法留下自己工作的足迹。唯有怀以纯粹从容的工匠之心，看淡名利喧嚣，保持内心的宁静，才能真正让“工匠精神”在自己身上散发出光芒。鲁班独特的人格魅力影响着后人。一种精神的传承离不开文化这块土壤，要想重塑中华传统匠魂，培育匠人精神，构建工匠文化是重要的基础和先决条件，这需要每个人、每个团体、每个国家共同出力，共同承担。我们大部分人的工作是普通的，工作中大部分的事情更是普通的，然而能把这些看似普通的工作做到最好就是不普通。真正的工匠不一定都是做着惊天动地的事情，而是能把所有人看来再普通不过的工作做到极致，使之达到最佳的效果。

小知识

鲁班锁

鲁班锁，民间也称作孔明锁、八卦锁。传说春秋时代鲁国工匠鲁班为了测试儿子是否聪明，用6根木条制作了一件可拼可拆的玩具，叫儿子拆开，儿子忙碌了一夜，终于拆开了。这种玩具后人就称作鲁班锁。鲁班锁亦称孔明锁、别闷棍、六子联方、莫奈何、难人木等，它起源于中国古代建筑中首创的榫卯结构。

3 追求极致

人类的使命，在于自强不息地追求完美。

——列夫·托尔斯泰

案例 5

新时代的工人

如果不是亲眼看见，绝不敢相信许振超的“无声响操作”会那样神奇。偌大的集装箱放入铁做的船上或车中，居然做到了铁碰铁不出响声，外国船员称“匪夷所思”，但中国的码头工人许振超出神入化般地做到了。

这是许振超的一门“绝活儿”，其实他之所以创造这种操作法，是因为它可以最大限度地降低集装箱、船舶的磨损，尤其是降低桥吊吊具的故障率，提高工作效率。实践证明，它是科学的，也是合理的。

有一年，青岛港老港区承运了一批经青岛港卸船，由新疆阿拉山口出境的化工剧毒危险品。这个货种特别怕碰撞，稍有碰撞就可能引发恶性事故。当时，铁道部有关领导和船东、货主都赶到了码头。为确保安全，码头、铁路专线都派了武警和消防员。泰然自若的许振超和他的队友们，在关键时候把“绝活儿”亮出来了。只用了一个半小时，40个集装箱被悄然无声地从船上卸下，又一声不响地装上火车。面对这轻松如“行云流水”般的作业，紧张了许久的船主、货主们迸发出了欢呼声。

“一钩准”是许振超20世纪70年代初开门机时的创造。集装箱上有四个锁孔，从几十米高的桥吊上看下去，很难分辨，更别说用在空中摆荡的吊具放下去，一次把锁眼都对齐，把集装箱抓牢靠了。但是，许振超和他的队友们就是做到了。许振超练成“一钩准”的诀窍是，钩头起吊平稳，钢丝绳走“一条线”。他的大徒弟张显新操作起来，轻松自如，一钩一个准。他笑着说：“我练了一年才练出来的。”

“一钩净”是许振超的又一项发明。在青岛港开吊车的司机，都知道一个“四稳”的口诀：就是在舱内起钩要稳，旋转时要稳，落钩时要稳和变幅时要稳。但要协调做到这四个方面很不容易。特别是落钩，操作不好就会造成货物撒漏。如何能做到不让货物撒出来？许振超开始练习，练了半年后，做到了吊具一钩下去，一点不撒，他把这种技术起名为“一钩净”。抓粮食时，吊具一抓斗重10吨。要准确地把抓起来的10吨粮食装入长12.5米、宽2.7米的车厢，很不容易。因为吊车的抓斗伸张开有3.4米，比车厢要宽。许振超就反复练习，琢磨抓斗的嘴张多大正合适，终于找出了恰当尺寸。铁路运粮食时，对装车的标准要求很严格，粮食要在车厢内打个尖，高出车厢80厘米，码头工人叫起“龙骨”。打这个“龙骨”很难，坡度要合适，坡面要平滑，盖上篷布后，才能不存雨水。许振超用他的“一钩净”，把这些问题给解决了。

许振超发明的“二次停钩”如今已经被桥吊司机们广泛应用。他经过统计发现，桥吊作业中最容易出安全问题的环节就是箱子一起一落的时候。为避免发生类似问题，他要求桥吊队每名司机在吊箱时都要做一次“二次停钩”，就是箱子刚离地和快落地的一刹那，放慢速度，先观察后起落，这样做虽然使每次操作时间多了几秒钟，但杜绝了事故隐患，最终提高了生产效率。

许振超的另一个“绝活儿”叫“无故障运行”。结合青岛港的实际，许振超提出了核心班轮保班作业“一二三”工作法。“一”就是“一个目标”：桥吊呈现无故障运行；“二”就是“两个制度”：凡是保班作业，执行技术主管昼夜值班制和出现突发故障15分钟排除制度；三是“三个事先”：对桥吊，保班作业前要技术主管事先检修一遍，事先掌握船舶技术资料、作业箱量，事先动员。功夫不负有心人，他们实现了保班作业无故障运行的目标。之后，他们又在全国沿海港口率先实现了“核心班轮保班全部100%”的目标。工友们都说许振超能琢磨也会琢磨，他创造的那些“绝活儿”推广后，铸造了青岛港的新优势，也引领了工友们创新的兴趣和热情。

（人民网《许振超的“绝活”》，有改动）

够普通的岗位——吊车司机；够单调的工作——把货物从码头吊上车、船，或是从车、船吊到码头。30个春秋就这样悄然而去。然而，人们说，30年来，从他坚守的这个普通的操作台上流泻出的，不是单调的音符，而是一曲曲华美的乐章。

他，就是青岛港的吊车司机，一个只有初中文凭的桥吊专家，一个一年内两次刷新世界集装箱装卸纪录的人——许振超。

一、“干活儿不能光用力气，还要动脑筋；干一行，就要爱一行，精一行。”

1974年，许振超初中毕业后到青岛港当了一名码头工人。他操作的是当时最先进的起重机械——门机。许振超勤学苦练，七天就学会，在一起学习的工人中第一个独立操作。

然而，会开容易开好难。师傅开门机，钩头起吊平稳，钢丝绳走的是“一条线”；到了许振超手里，钩头稳不住，钢丝绳直打晃。特别是矿石装火车作业，一钩货放下，洒在车外的比进车内的还多。看到工人们忙着拿铁锨清理，许振超十分内疚。

还有，火车装矿石装多了，工人要费不少劲扒去多的；装少了，亏吨，货主不干。为了早日掌握这项技术，每次作业完毕，别人歇着了，许振超还留在车上，练习停钩、稳钩。四五个月后，他开的门机钢丝绳走起来也一条线了，一钩矿石吊起，稳稳落下，不多不少，正好装满一车皮。这手“一钩准”的绝活儿，很快就被大家传开了。

一次，许振超进行散粮装火车作业，发现粮食颗粒小，更易洒漏。他便在工作之余，吊起满满一桶水，练习走钩头，直至练到钩头行进过程中滴水不洒，再去装散粮，一抓斗下去，从舱内到车内，平平稳稳，又一个绝活儿——“一钩清”。许振超的活儿干净利索，装卸工人们二次劳动大大减轻，谁都愿意跟他搭班。

1984年，青岛港组建集装箱公司，许振超当上了第一批桥吊司机。许振超又钻研上了。桥吊作业有一个高、低速减速区，减速早了装卸效率下降，减速太迟又影响货物安全。于是，他带上测试表反复测试，终于成功地将减速区调到最佳位置。以前一台桥吊一小时吊14～15个箱子，改革后能吊近20个箱子，使作业效率提高1/4。

一次，一场大雾使整个码头的装卸作业被迫停下，直到中午雾仍不散。货轮的船长急忙找到许振超，请求马上把集装箱卸下来。原来，该货轮装载的全是冷藏箱，不料供电电源发生故障，如不抢卸，一旦箱里温度升高货物变质，损失就是好几百万元。

一台桥吊有十几层楼那么高，而集装箱上起吊用的四个锁孔，每个不过一块香皂大小。司机在40多米高的桥吊上，要让重达十几吨的吊具的四个爪准确插入集装箱的锁孔中，好天气操作起来都不那么容易，何况大雾弥漫。

艺高人胆大。许振超一咬牙答应了。他在船上、岸边各安排两个经验丰富的老司机，通过对讲机随时报告集装箱位置，自己登上桥吊，精心操作。随着船上、岸边清晰的报告声，一个个箱子一钩到位，顺顺利利全卸了下来。许振超凭着过硬的功夫、娴熟的技巧，闯过了雾天作业禁区，为客户挽回了巨额损失。

1991年，许振超当上了桥吊队队长。他在工作中发现，桥吊故障中有60%是吊具故障，而故障主要是由于起吊和落下时速度太快，吊具与集装箱碰撞造成的。他提出，这么操作不仅桥吊容易出故障，货物也不安全，必须做到无声响操作。

司机们一听炸了窝。“集装箱是铁的，船是铁的，拖车也是铁的，这集装箱装卸就是铁碰铁，怎么能不响呢？”说出口的道理很硬，没有说出口的道理更硬：桥吊队实行的是计件工资，多吊一箱就多挣一份钱。搞无声响操作，轻拿轻放，不明摆着要降低速度，减少收入吗？

许振超没多解释，自己动手练起来。他通过控制小车水平运行速度和吊具垂直升降之间的角度，操作中眼睛上扫集装箱边角，下瞄船上装箱位置一点，手握操纵杆变速跟进找垂线。打眼一瞄，就能准确定位，又轻又稳。然后，他专门编写了操作要领，亲自培训骨干并在全队推广，以事实说服人。就这样，“无声响操作”又成了许振超的杰作、青岛港的独创。

1997年11月，老港区承运一批化工剧毒危险品。这个货种一旦出现碰撞，就有可能引发恶性事故。为了确保安全，码头、铁路专线都派上了武警和消防员，身着防化服全线戒严。船靠岸后，在许振超的指挥下，练就一手“无声响操作”的桥吊司机们个个精心操作，一个半小时，40个集装箱被悄然无声卸下，又悄然无声装上火车。船东代表感慨地说：“你们的作业简直是‘行云流水’，太神奇了！”

二、“咱当不了科学家，但可以做个能工巧匠。”

当了队长的许振超，除了开好自己的桥吊，还想做更多的事。

一次，队里的一台桥吊控制系统发生了故障，请外国厂家的工程师来修。专家干了12天，一下子挣走4.3万元。这件事深深刺痛了许振超。他想，如果自己会修，这笔钱不就省了吗？

然而，桥吊的构造很复杂，涉及电力拖动、自动控制等6门学科，就是学起重机械专业的大学生也至少得两三年才能够处理一般性故障。许振超只有初中文化，可为了攻克这门技术，他着了魔似的钻研，终于发现，所有的技术难点都集中在一块块控制系统模板上，而这正是外国厂家全力保护的尖端技术——不仅没提供电路模板图纸，就连最基本的数据也没有。

许振超不信邪。每天下了班，他拿着借来的备用模板，一头扎进自己的小屋里。一块书本大的模板，一面是密密麻麻镶嵌的上千个电子元件，另一面是弯弯曲曲的印刷电路，这样的模板在桥吊上一共有20块。为了分辨细如发丝、若隐若现的线路，许振超专门用玻璃做了个支架，将模板放在玻璃上，下面安上100瓦的灯泡，通过强光使模板上隐身的线路显现出来，然后一笔一笔绘制成图。光分辨这2000多个焊点，已够麻烦了，要弄明白它们之间的连接更麻烦。一个点前后左右可能有四条连线，而且每一条连线又延伸出两条连线，两条再变成四条，最多的变成二三十根连线，每个点、每条线，许振超都要用万用表试了又试，一条线路常常要测试上百个电子元件，直到最终试出一条通路来。这样精细的活，特别累眼，累得看不清了，许振超就到冰箱里取出冰块敷在眼上一会儿，接着再干，每天晚上坚持干三个多小时。

就这样，许振超用了整整四年时间，一共倒推了12块电路模板，画了两尺多厚的电路图纸，终于攻克了技术难点。这套模板图纸后来便成了桥吊司机的技术手册，成了青岛港集装箱桥吊排障、提效的“利器”。

掌握了修桥吊的技术，许振超仍不满足。因为作业中桥吊一旦发生突发故障，如果不能及时排除，将对装卸效率和船东利益造成严重影响。许振超又提出了一个新目标——“15分钟排障”。他从解剖每一个运行单元入手，不断探索，终于做到心中有数，手到“病”除。目前，桥吊队从接到故障信息，到主管工程师到场排除，已缩短在15分钟以内。

三、“团结就是力量，同心协力创佳绩！”

2001年，青岛市和青岛港集团实施外贸集装箱西移战略，启动前湾集装箱码头建设。然而，由于种种原因，直到11月下旬，桥吊安装仍然没有大的进展。关键时刻，青岛港集团总裁常德传现场发布任命：许振超任桥吊安装总指挥，年底前完成桥吊安装。

经过40多天的奋战，重1300吨、长150米、高达75米的超大型桥吊，终于矗立在前湾宽阔的码头上。许振超和工友们激动地流下了热泪。而许振超的风湿病又加重了，走起路来左腿常常不敢使劲儿。直到现在，每天晚上睡觉时，他都得穿上厚厚的毛袜子。

随着港口西移战略的顺利推进，一个念头在许振超脑海里越来越强烈：提高装卸效率，创造集装箱装卸船世界纪录！

2003年4月27日，青岛港新码头灯火通明，许振超和他的工友们在“地中海阿莱西亚”轮上开始了向世界装卸纪录的冲刺。20：20分，320米长的巨轮边，8台桥吊一字排开，几乎同时，船上8个集装箱被桥吊轻轻抓起放上拖车，大型拖车载着集装箱在码头上穿梭奔跑。安装在桥吊上的大钟，记录了这个激动人心的时刻。4月28日凌晨2：47分，经过6小时27分钟的艰苦奋战，全船3400个集装箱全部装卸完毕。许振超和他的工友们创下了每小时单机效率70.3自然箱和单船效率339自然箱的世界纪录。5个月后，他率领团队又把每小时单船339自然箱这个纪录提高到每小时381自然箱。

青岛港集装箱“10小时完船保班”这块品牌，让这项纪录擦得更加金光闪闪，“振超效率”扬名国际航运界！

而许振超总是谦虚地说：“装卸效率是集体协作的结晶，现代化大生产说到底最需要团队协作。仅凭我一个人，就是一身铁又能打几个钉！”几十年来，许振超创出了许多绝活儿，也带出了一支会干绝活又能创新的团队。现在，队里涌现出了许多像他一样的装卸专家，不少技术主管成功地主持了许多桥吊的电控改造，桥吊队维修班还改进了桥吊钢丝绳更换方式，大大缩短了换钢丝的时间——这个时间又为全国沿海港口最短。

更令许振超和他的桥吊队振奋的是，“振超效率”产生了巨大的名牌效应，青岛港在世界航运市场的知名度越来越高。一年来，世界许多知名航运公司主动寻求与青岛港合作，纷纷上航线、增航班、加箱量，仅短短8个月时间，青岛港就净增了13条国际航线，实现了全球通。2003年完成集装箱吞吐量420万标准箱，实现了24.3%的高速增长。

四、精益求精不懈追求，在平凡的岗位上创造卓越

许振超，青岛港一位只有初中文凭的吊车司机，三十年如一日，练就一手绝活儿，一年内两次刷新世界集装箱装卸纪录，创造了“振超效率”。李斌，上海液压泵厂的初级技工，在近20年时间里，一步一个脚印，成功开发5种类型共17台进口数控机床的加工功能，完成新产品开发55项，实现各种技术攻关项目162项，创造了“李斌效应”。

这些普普通通的工人，以勤劳的双手、不懈的追求，书写着新时代产业工人的“神奇”。他们的成就令人羡慕，他们的事迹令人钦佩，他们的精神令人感动。在一些人看来，要成就一番事业，应该有高起点、高平台，如果工作环境、条件一般，岗位平凡，很难脱颖而出，很难有什么大成就。很多人就是在这种怀才不遇的自怨自艾中浪费了光阴，虚度了青春。大千世界，众生芸芸，平凡的岗位千千万，不平凡的岗位能有几？

许振超的事迹告诉我们，干一行、爱一行，专一行、精一行，把敬业乐群的精神写在人生奋斗的旗帜上，平凡的岗位同样能创造辉煌。抓住机遇，不断超越，离不开一颗强烈的进取心。许振超在年复一年的桥吊工作中发现了劳动的美丽，看到了创造的价值。不断进取，不断向上，不推诿、不敷衍，爱琢磨、问究竟，哪怕是一件看来很简单、枯燥、单调的工作，也能干得有声有色。不甘于现状，勇于创新，凝聚起热情和智慧，全身心地投入到平凡的工作中，他们奋斗的过程就不是单调的音符，而是华美的乐章，从而能有所发明，有所发现，有所创造，有所前进。有的人说，自己根基太浅，水平一般，如何能摘取诱人的果实？梅花香自苦寒来。成功，需要天赋，需要条件，但更多的是付出辛勤的汗水。即使是“笨鸟”，也可以先飞。勤于学习，是通向成功的阶梯。实践是一所大学校，知识改变命运，自学可以成才。许振超边干边学，苦心钻研，自学专业技术知识，不但攀越了一个个技术高峰，也不断升华了自己的精神境界，成为某一领域的行家里手。

在改革开放的新时代，在我国工人阶级队伍中，许许多多的许振超在平凡的岗位上干出了不平凡的业绩。他们是人们心目中耀眼的明星。我们要以他们为楷模、为榜样，在全社会营造学无止境、追求极致、努力进取、奋勇争先的氛围，把劳动创造的壮美旋律，融入现代化建设这一雄浑的大合唱，谱写全面建设小康社会的新篇章。

小知识

世界上最深的海沟

马里亚纳海沟（Mariana Trench）位于北太平洋西部马里亚纳群岛以东，为一条洋底弧形洼地，延伸2550千米，平均宽69千米。主海沟底部有较小陡壁谷地。1957年苏联调查船测到10990米深度，后又有11929米的新记录。1960年美国海军用法国制造的“的里雅斯特号”深海潜水器，创造了潜入海沟10911米的纪录。2012年6月15日，中国第一次有人“拜访”马里亚纳海沟深海。2016年6月22日至8月12日，我国“探索一号”科考船在马里亚纳海沟海域开展了我国海洋科技发展史上第一次综合性万米深渊科考活动。我国自主研制的“海斗”号无人潜水器下潜10767米。

小幽默

斯密特先生想在自己的庭院里栽一棵树，于是他派人请来了有经验的园艺师。

“我需要这样一棵树：它的枝叶不一定很茂密，但在夏天应给院落足够的荫凉；秋天时，不要秋风一吹，刮得满院全是枯黄的落叶；冬天时，这棵树能够不挡住阳光。先生，您说种什么树好呢？”

园艺师沉思良久，说：“看来您需要的不是树，而是一把大伞。”

案例 6

一个人改变整个纺织业

出生于20世纪30年代的郝建秀是家里的老大，他还有8个弟弟妹妹。小的时候家里很穷，经常吃不饱、穿不暖，勉强念了一年学后，12岁那年，郝建秀就退学回家拾煤核补贴家用。15岁时，郝建秀报名进了青岛国棉六厂当工人。

青岛国棉六厂按清花、疏棉、摇纱、粗纱、细纱等工种分成不同车间，郝建秀被分到了细纱车间成为一名挡车工。

给棉线接线头是件很累的技巧活儿，一旦接不好棉线就会变得疙疙瘩瘩，成为皮辊花，只能被清理出来当边角料处理掉，很浪费。皮辊花出得越多，就意味着纱线产量越低。厂里对每个人的工作每天都考核，标准就是拿着秤过磅每个人清出来的皮辊花重量。一旦超过标准，就会受到组长或是班长的批评。

由于年龄小，郝建秀刚开始找不到干活儿的技巧，经常连续几天受到批评。有一次因为皮辊花超重，受到批评的郝建秀在回家的路上哭了起来，她对姑姑说："我不想拖集体后腿，一定要把技术搞上去。"

从此，如何多纺纱、纺好纱成为郝建秀每天的"思考题"，下班回家后她会在小本子上涂涂画画进行总结，第二天再带着新想法到车间去实践。此外，她还专门拜老工人为师。凭着一股不服输的倔脾气，不到三年时间，郝建秀终于熟练地掌握了纺车的性能和操作规律，摸索出一套多纺纱、多织布的高产、优质、低耗的工作方法。

郝建秀接线好、浪费少、清洁棒的好技术最终引起原纺织工业部和全国纺织工会领导人的重视，他们专门派人来总结她的工作方法。1951年6月，有关部门组成专门小组，对郝建秀的接头动作、接头时间、清洁工作时间、动作顺序等进行观察、测定、分析和研究，总结出一套"细纱工作法"。1952年，在全国纺织系统大会上，这套方法被正式命名为"郝建秀工作法"。原纺织工业部和全国纺织工会随后发出指示，号召全国各地纺织企业普遍学习和推广"郝建秀细纱工作法"，她的经验在全国得到全面推广后，每年可为国家多生产4.4万件棉纱，相当于供400万人一年用布的棉纱。

（《半岛都市报》）

一、一个新时代的精神

郝建秀——全国政协常务委员、纺织工程高级研究员

郝建秀，女，汉族，1935年11月生，山东青岛人。1949年11月，15岁的郝建秀考入青岛第六棉纺织厂当养成工，三个月期满定为正式细纱甲班值车工。她牢记1950年春节自己做正式工人后，上第一个夜班时因打盹儿而放大花的教训。为了不打盹儿，她不断地巡回车挡。在巡回中郝建秀发现，只要做好了清洁工作，断头就少。于是，她把几种工作程序紧张有序地进行，省出时间来多做清洁工作，掌握了巡回规律，减少了断头。但因这时细纱车间还没有建立对皮辊花分台过磅的制度，所以郝建秀的成绩没有被发现。

1950年开展"红五月"劳动竞赛以后，第六棉纺织厂细纱车间也建立了个人白花过磅记录制度。郝建秀优异的工作成绩和先进的工作方法受到工厂领导的表扬。郝建秀以此为动力，决心干出个样子来。她进一步钻研技术，反复熟练减少断头的操作方法，白花出的一天比一天少，从而在全厂出了名。1950年6月，郝建秀被评为厂级二等劳模，11月，第六棉纺织厂团委吸收郝建秀参加了青年团。在党、团、工会组织的培养下，郝建秀各方面进步很快，政治觉悟明显提高。她的值车能力从看300锭逐步提高到400锭、500锭，一直提高到600锭，但出的白花却始终保持在0.2%和0.3%之间。到1951年2月，平均皮辊花率为0.25%，创造了连续7个月少出白花的新纪录。

1951年2月，山东省工矿企业检查团到青岛检查工作，听到郝建秀少出白花的事迹后，认为当时出0.25%的白花数字是全国罕见的，应好好研究，并推广出去。从此，郝建秀少出白花的操作法引起了重视。

从1951年3月开始，郝建秀工作法被进行了三次总结。第一次是国棉六厂总结的，其结论是“三勤、三快”，即眼要勤看、快看，腿要勤跑、快跑，手要勤清洁、快接头。“三勤、三快”经验在《青岛日报》登出后，经过各厂细纱工人的亲自实践，大家都累得吃不消。“三勤、三快”总结送到纺织工会全国委员会以后，陈少敏主席指出“这个总结不实际”。她认为，郝建秀的成绩能够坚持七八个月，绝不是一个“三勤、三快”可以解决问题的，她要求重新进行总结。第二次总结仍然没离开“三勤、三快”的框子，只是添上了车台卫生比别人干净，人从来不离开车挡，仍然没总结出郝建秀工作法的主要精神。

1951年6月2日，中国纺织工会全国委员会与青岛市总工会等部门，在中共青岛市委的领导下，联合组织了“郝建秀工作法研究委员会”（以下简称“研究委员会”），研究与总结郝建秀的经验。委员会由中国纺织工会全国委员会生产部副部长朱次复领导，吸收有关部门干部、专家、技术人员及劳动模范等共17人组成，对郝建秀工作法进行第三次总结。研究委员会从6月4日开始，6月8日结束。前两天在现场实地观察与测定郝建秀的操作，后三天是研究分析和进行总结。第一天上午，研究委员会的全体成员观察了郝建秀的值车操作，下午，委员会的17个人分成接头动作、接头时间、清洁时间、清洁动作、动作顺序五个组，分别进行研究与测定。经过五天的努力，郝建秀少出皮辊花的经验终于找出来了。

郝建秀工作法的四条主要经验是：① 有正确的劳动态度，工作认真负责；② 虚心学习，肯动脑筋，提高技术；③ 工作有计划，善于分配劳动时间，能分清轻重缓急进行操作；④ 不浪费劳动时间与劳动力，做到一切以减少断头为中心，以少出皮辊花为目的。

郝建秀工作法的基本内容有三点：① 工作主动，有规律、有计划、有预见性，她是人支配机器，不是机器支配人，按照一定的规律工作，一切争取主动；② 生产合理化，把几种工作结合起来做，做到了既省力又省时间；③ 抓住了细纱工作的主要环节，清洁工作做好了，断头就少；皮辊花出得少，产量就高，质量就好。

1951年8月17～19日，纺织工业部和全国纺织工会在青岛联合召开细纱职工代表会议。在这次会议上，“郝建秀细纱工作法”被正式命名为“郝建秀工作法”，并决定在全国推广。

“郝建秀工作法”不仅是纺织工业的先进典型，也是全国工交系统出现的第一个科学的工作法。该法的产生，引起各方面的重视，影响到全市、全国各条战线。

青岛纺织工会和华东纺织局青岛分局在中共青岛市委领导下，于1951年6月26日成立了郝建秀工作法推广组，到各工厂进行推广工作。推广组首先在青岛第一棉纺织厂做了两个星期的重点试验，取得经验后即在青岛第三、第六、第七棉纺织厂推广。青岛第二、第四、第五、第八棉纺织厂及私营华新纱厂等企业都派了技术人员和细纱工人随着推广组学习。这批学员回厂后都各自组织了本厂的“郝建秀工作法”推广委员会，领导各厂的推广工作。截至8月22日，青岛各纺织厂的细纱工基本学会了郝建秀工作法，其他工序的纺织工人也陆续掌握了“郝建秀工作法”的基本精神，并取得了优异成绩。① 降低了皮辊花率，以厂为单位，各厂一般都降低了30%～51%。② 掀起了前所未有的学习纺织技术的高潮。③ 在推广郝建秀工作法中，吸收了青岛第一棉纺织厂粗纱接头捻接法和不拔管接头法等，充实和发展了郝建秀工作法。

全国纺织工会主席陈少敏当时指出：“一定要认真学习、推广‘郝建秀工作法’。如果全国纺织企业都达到郝建秀所在的青岛第六棉纺织厂的水平，全国一年少出的皮辊花可以多产36738件纱；如果全国细纱工人的皮辊花水平和郝建秀一样，一年可多产44460件纱。只要全国纺织企业达到青岛第六棉纺织厂的水平，超额利润就可以买68架战斗机，用这些战斗机就能消灭更多的侵略军。”

郝建秀工作法也引起了中央和有关部门领导的重视。中央办公厅秘书室代表毛泽东主席写信给郝建秀，勉励她“继续提高生产”。社会主义青年团中央委员会做出了《关于奖励郝建秀同志的决定》。中央领导同志亲临青岛进行考察和推广郝建秀工作法。1951年8月17～19日，中国纺织工会和中纺部在青岛召开了“细纱职工代表会议”，学习、推广郝建秀工作法，青岛、上海、武汉、天津等地共466人参加了会议。会后，中纺部和中国纺织工会在青岛举办了全国各地220多名细纱工、技术员和工会干部参加的“郝建秀工作法”学习班。中纺部还在1951年9月和10月两次通知全国纺织企业学习、推广“郝建秀工作法”。

据郝建秀小组统计，全国有400多个企业学习推广了“郝建秀工作法”。学习、推广“郝建秀工作法”，使后进的工人当上先进，使先进工人当上了模范。“郝建秀工作法”推动了全国纺织技术的提高，促进了纺织生产的发展，“郝建秀工作法”为新中国的纺织工业做出了巨大贡献。

1951年3月15日，《大众日报》在头版头条位置刊出消息——国棉六厂女工郝建秀创造出白花新纪录，内容为：自1950年开始红五月劳动竞赛起，数青岛国棉六厂16岁细纱女工郝建秀放白花量最少，平均每日出皮辊花六两左右，经常降至三两，而别人一般都一两磅，多的到四五磅。

不久，许多报纸再次报道，郝建秀又创新纪录：皮辊花量降至二两，皮辊花率仅为0.25%。国棉六厂再掀向郝建秀学习的新潮，全厂皮辊花率达到了惊人的0.497%。

郝建秀代表了一个新时代的精神。郝建秀的影响还扩展到国外，应邀专门去莫斯科访问。

二、创新强，则国家强

“工匠精神”包括追求突破、追求革新的创新内蕴——创新。古往今来，热衷于创新和发明的工匠们一直是世界科技进步的重要推动力量。新中国成立初期，我国涌现出一大批优秀的工匠，如倪志福、郝建秀等，他们为社会主义建设事业做出了突出贡献。改革开放世界以来，“汉字激光照排系统之父”王选、“中国第一、全球第二的充电电池制造商”王传福、从事高铁研制生产的铁路工人和从事特高压、智能电网研究运行的电力工人等都是“工匠精神”的优秀传承者。

创新强，则国家强。创新始终是推动一个国家、一个民族向前发展的重要力量。少年强，则国强。广大青年要牢记“大国工匠”的使命，勇于创新，做“大国工匠”的传承者和接班人。

小知识

辽宁号航空母舰

辽宁号航空母舰（代号：001型航空母舰，舷号：16，简称：辽宁舰），是中国人民解放军海军隶下的一艘可以搭载固定翼飞机的航空母舰，也是中国第一艘服役的航空母舰。辽宁号航空母舰前身是苏联海军的库兹涅佐夫元帅级航空母舰次舰瓦良格号，20世纪80年代中后期，瓦良格号于乌克兰建造时遭逢苏联解体，建造工程中断，完成度68%。1999年，中国购买了瓦良格号，于2002年3月4日抵达大连港。2005年4月26日，开始由中国海军继续建造改进。2012年9月25日，正式更名辽宁号，交付予中国人民解放军海军。

小幽默

书架

怀特：“啊！你有一个多么漂亮的书架呀，可惜上面一本书也没有。”

布朗：“是呀，以前我倒是有很多书的。可是，为了买这个书架，我把书全卖了。”

第三篇 创新进取

1. 艺无止境

2. 推陈出新

3. 勇攀高峰

1 艺无止境

世上无难事，只要肯登攀。

——毛泽东

案例1

成为世界最大的加工船“拉法耶特”号船长

王琪焕，1968年出生于山东省青岛莱西市的一个农村家庭。父母没有文化知识，都是农民，但对子女的教育非常重视，依靠微薄的经济收入供几个儿女上学。作为长子的他，看到父母手掌的老茧越来越厚，白发越来越多，整日面朝黄土背朝天，日夜操劳，都默默地记在心里，不想让父母再为他付出太多的心血。于是，在1987年，莱西高中毕业后，他毅然选择了就业，放弃了每个高中生都梦寐以求的大学深造机会，因为他知道他要成为家中的经济顶梁柱。通过亲戚介绍，他来到了青岛海洋渔业公司船队工作。

一个不到20岁的青年，在渔船上，干的是最累、最脏的水手工作，每天面对的不是渔网就是冷冰，有时一天要工作12个小时，有时要连续作战好几天，身体很是吃不消。但是，王琪焕并没有被枯燥的工作环境和繁重的工作任务吓倒，当他看到船长在驾驶室指挥操纵船舶，有条不紊地安排各个岗位密切配合捕鱼的过程时，他默默地鼓励自己，以后也要成为这样一名船长。没有专业知识、没有受过技术培训，怎么完成从一个普通水手到船长的蝶变？王琪焕也为此苦恼过、彷徨过。正在这时，一个难得的机会悄悄地来到了他身边：青岛渔业公司决定让一部分年轻的农村渔业船员通过考试，进入青岛渔业公司技校（现青岛海洋技师学院）学习深造。他听到这个好消息后高兴极了，踊跃报名，积极准备考试，过五关斩六将，最终以绝对优势从上百名考生中脱颖而出，1990年如愿考入青岛海洋渔业公司技工学校学习。此时的王琪焕终于找到了实现自己船长梦想的途径。

在技校学习期间，因为他受过高中教育，又在渔船上工作过，所以理论知识学得扎实，实操能力提升较快。身为学生干部的他还帮助学习差的同学补习功课，协助班主任提高全班同学的学习积极性，营造了浓厚的学习氛围。每学期他都以优异成绩获得校奖学金和助学金，而懂事的他又总能节省一部分伙食费，寄给家里的父母与妹妹，补贴家用。有时，他还资助班里其他经济困难同学，因而深受老师同学们的爱戴。

王琪焕（右一）与王佐恺院长（中）和同学解元（右二）合影

1993年8月，王琪焕以优秀毕业生的身份重新回到了曾经战斗过的船队工作，因各方面表现突出，他被分配到鄂霍次克海的远洋渔轮上执行任务。从青岛到鄂霍次克海、白令海，远洋轮需要15天左右连续不断地航行。船舶航线要穿过日本津轻海峡，而津轻海峡以海面狭窄、海流大、行驶船舶密集闻名，因而经常发生海事事故。他身为三副，需要时刻跟随船长，认真、警惕地执行船长舵令……

就这样，时光流逝，一转眼七年过去了，他在津轻海峡共安全往返14个航次。在白令海与鄂霍次克海域捕鱼生产，他经历了无数的台风，甚至遇到过飓风。面对困难，他不会退缩，一直在附近海域抗风生产，为企业创造了巨大的经济效益。经过千锤百炼，他也由原来的三副终于实现了当船长的愿望。

2000年，随着中国海洋战略的实施，公司深入太平洋开发了南太平洋渔场，王琪焕作为第一批开拓者，赴南太智利外海渔场工作，历时一年半。身为船长，他认真负责，并根据公司的渔场、渔汛等情况积极开发新网具，尤其是丹尼玛材料的新型网具，在当时得到了广泛的应用。2003年，公司转型围网船产业，他又被派到围网船队做了三年船长，辗转捕捞于密克罗尼西亚、所罗门和巴新等中西太平洋金枪鱼渔场。后来随着公司及国际渔场的发展，他的足迹也踏遍了世界各大渔场，有太平洋东部的智利秘鲁渔场、加拿大渔场、中西太平洋的金枪鱼围网渔场、印度洋的毛里求斯和塞舌尔渔场、大西洋的南非和纳米比亚及毛塔渔场。凡是由王琪焕负责的渔场，都取得了很好的生产效益。在北大西洋的法罗岛、冰岛和挪威渔场，他所驾驶的母船曾经创造过67天加工成品鱼6.8万吨的全球加工记录，三个月为公司创造利润3000多万元美金。

机会总是垂青努力奋斗的人。经过16年的历练，2009年他幸运地登上了当时世界最大的渔业加工船——LAFAYETTE，中文名称拉法耶特，这是一艘由中国香港太平洋恩利集团于2008年斥资10亿多元打造的世界上最大的综合性渔业加工母船，该船长228.6米，船宽32.2米，总载重49173吨，冷冻货舱容积13000吨，燃油容量7000吨，主机13000马力，加工厂发电机9台，发电量15000千瓦，设计航速12.5节，配备船员320人。上船后，经过与国际船员的激烈竞争，他脱颖而出，成为这艘世界第一母船的第一综合性渔业加工母船船长。

拉法耶特轮是全球首艘日加工量达1500吨产品的海上移动加工厂，自动化程度相当高，公司专门从海洋大学等高等院校招收优秀的毕业生到船上从事自动化工作，并从挪威、冰岛、爱尔兰等北欧国家的同类加工厂，聘请有经验的国外专家到船指导，公司为其配备6艘拖网子船，昼夜为其输送捕捞的渔获。船上还配有左舷吸鱼口，可供两艘子船同时靠泊、供给母船，并配备船尾吸鱼口，在恶劣天气不能靠泊情况下，通过吸鱼管实现子船、母船鱼舱连接，然后由母船全自动吸鱼系统C-FLOW从子船吸鱼到母船鱼舱RSW。母船32个鱼舱，可装载新鲜渔获7000吨。拉法耶特轮船体巨大，装配仪器世界先进，是王琪焕船长从事航海专业近30年，印象最深刻的一艘母船。拉法耶特轮船对于王琪焕而言，不仅仅是一艘船，而是一座由众多航海人精心营造的家！从建造之初，到海上成为一艘日产千吨之多的真正的加工厂，这包含了全体海员付出的辛劳和汗水，能做拉法耶特轮的船长，是王琪焕船长航海生涯的骄傲。

30年以海为家，劈波斩浪；30年栉风沐雨，不懈追求。而今，王琪焕船长已经成为青岛远通远洋渔业有限公司船务部经理，在新的管理岗位上实现人生新的追求。

小知识

船舶的类型

客轮：旅客输送用船。

货船：货物输送用船，如油船、散货船、集装箱船。

货客船：兼货物输送与旅客输送用船。

救助作业船：用于海上救护工作。

工程船：处理打捞等工作的打捞船，从事科研考察工作的科考船，对航行中的船只的维护修理工作的工程船，都属于这一范畴。

指航船：指明航道的船只。

渔船：用于捕鱼业的用船。

快艇：主要用于水上娱乐或赛艇比赛的船只。摩托艇、气垫船都属于这一类型。

军用舰艇：军事用途船舶，如巡洋舰，驱逐舰，潜艇，船只本身不用于军事用途的军属船舶也归为此类。

案例 2

海疆卫士

我国有着漫长的海岸线，拥有着辽阔的海洋。

赵浩杰，中国海监某船船长，在几十年的航海生涯中，为捍卫国家海洋主权、维护国家海上秩序、保护国家海洋环境做出了突出贡献；他和他的团队忠于职守、认真履行祖国赋予的神圣使命，日复一日、年复一年，日日夜夜地守护着祖国的海疆。

一、立志航海事业，投身海洋

赵浩杰1991年毕业于青岛海洋渔业公司技工学校（现青岛海洋技师学院）。在校期间他就立志成为一名航海人，毕业后如愿以偿地当了一名船员，实现了自己的梦想。在年复一年与船为伴的日子里，他先后在青岛海洋渔业公司船舶、国际商船上工作。2013年他到青岛市海洋与渔业局行政大队海监执法船上工作，履行保卫海疆的光荣职责。他从一个船舶水手做起，历任船舶三副、二副、大副，并于2009年考取了船长证书。从此他肩上的担子更重了，责任更强了。

赵浩杰船长从事航海事业已20年有余，在远洋渔船、商船、海监船上都工作过，角色和岗位在提升中不断变化，唯独对航海事业的坚持与追求不曾改变。2013年赵浩杰船长到海监执法船工作后，经历了大多数航海者没有过的经历，他的工作航区从青岛沿海一线、胶州湾一直扩大到了祖国的最南端；他的工作任务也从一般的巡航、巡视升级为执行国家委任经济区的巡航；监督监察对象也从一般的普通沿海作业群众转变到违法盗采海域资源以及侵犯祖国海域的犯罪者。我国海岸线很长，南北各地地理、气候条件差异很大，航行在不同的海域中，历经着大海的波涛汹涌，可能一天就会感受到春、夏、秋、冬的不同气候。作为一船之长的他，需要抉择的时候太多，需要审时度势的时候太多，还要安抚大家，用坚强的信念度过每一次的惊恐和危情时刻……

赵浩杰船长自上船工作后，就一直坚持学习驾驶理论知识，不断提高业务技能。他坚持抓好船舶内部管理各项工作，努力提升服务质量水平，并想方设法调动全体船员工作的积极性，在构建“和谐船舶”上下功夫。在他和全体船员的共同努力下，把所负责的船布置得井井有条，船容、船貌焕然一新。

众所周知，世界贸易运输主要是通过船舶来完成的。航运业，对全球经济的存在至关重要。海员，是勇敢者的职业，是航运业的工匠代表。海员不仅要有强健的体魄、娴熟的专业技能，还要具备良好的心理素质、较强的环境适应能力和对突发事件的应变能力，是吃苦耐劳、勤奋好学的航海“工匠精神”的象征。时光荏苒，赵浩杰船长投身航海20多年，他努力不辍、追求不懈，对航海工作的情感由平和到炽热。他常讲：“船长是一船之长，不是一个普通的航海者，是全船人员的主心骨，船舶起航，全船的生命财产安全就交到船长的手上，重任在肩，我不敢有丝毫懈怠；航海事业为实现自己的人生价值提供了宽广的舞台，我甘愿一生做好航海事业这一件事。”

二、捍卫海洋主权，寸土不让

2014年10月，赵浩杰船长指挥船只从青岛开航至海南三亚执行维权巡航任务。开航不久就遭遇到不利的天气，加之时间紧、任务重，全船上下都感到一丝忐忑。航行途中在浙江海域遭遇到了8级大风，海面狂风巨浪，船舶横摇幅度非常大，在面对复杂的水域环境和天气海况下，赵船长经报北海指挥中心同意，决定在乐清湾锚泊避风，保证了安全航行。避风结束后继续航行，于10月16日安全抵达三亚，开始了维权巡航。接南海海警指挥中心任务，赵浩杰的船作为指挥船，于2014年12月15日从海南三亚湾出发前往南海琼台礁任务巡航区，12月17日14：12时航行至南海区域N5°53.51′ E111°55.44′ 位置时，发现美国军舰小编队在附近进行补给任务，此编队包括一艘大型综合补给舰、三艘宙斯盾舰，由于能见度较低，其他编号均模糊，另有两架舰载武装直升机在空中警戒。此时我方船只与正在进行补给作业的美军舰构成交叉相遇局面，相互距离仅2海里。我方船只此时航速14节，航向100°，美方军舰航速12节，航向170°。在14：10时赵浩杰船上的高频电话接收到了来自美补给舰的英文呼叫，表明他们因补给作业无法改向减速，要求我方船给予避让，紧接着美军舰用汉语呼叫。赵浩杰船长立刻给予回复：“我船隶属于中华人民共和国公务巡航执法船，在此区域进行常态化领海巡航任务，我船仍继续保向保速航行”，并在电子显示屏上打出宣誓领海主权的标语。此时双方仅相距1海里。面对紧迫局面，在我方船只无避让意图的情形下，美补给舰紧急转向避让，赵船长指挥船只保持原来航速按预定航线继续驶向巡航区。

此后，赵浩杰船长指挥船只于2014年12月17日到达琼台礁任务巡航区，利用光电跟踪系统发现琼台礁南侧有马来西亚的值班导弹炮艇。此时海上涌浪较大，船舶横摇20° 以上，全体人员加强对琼台礁及马方军舰的严密监控。12月18日上午10：48时，我方发现马方军舰有起锚动机，赵浩杰船长立即指挥船舶起锚，并向马方军舰慢慢驶去。双方在相伴巡航的状态下，围绕琼台礁巡视一周，随后又各自回到了原点。12月19日船舶航行至永暑礁，在此海域进行了巡航执法任务，此次巡航4072号船共航行5000海里以上，航时400小时，历时118天，在赵船长的指挥下，全体船员和执法人员风雨同舟，圆满完成了领海执法巡航任务。

三、维护海上秩序，一丝不苟

为保证正常的海上秩序，国家对非法采挖海沙行为持续保持着高压态势。依照国家法律法规和规定，赵船长在执行任务期间，在管辖海域实施不间断、无缝隙巡航监视，对侵犯海洋权益、非法使用海域、损害海洋环境与资源、破坏海上设施、扰乱海上秩序等违法行为进行及时、坚决查处。对多发时段、高发海域，加大巡查频率，及时发现、制止、查处各类海洋违法行为。

作为青岛市最大的海洋执法海监船，赵船长肩负着十分艰巨的使命，带领全体船员发扬特别能吃苦、特别能战斗、特别能奉献的精神，大家精神饱满、士气高昂，以昂扬的精神状态迎接每一次执法任务，为打造青岛市海上执法旗舰而不懈努力。

大家都知道，为了让海洋中的鱼类有充足的繁殖和生长时间，国家规定了休渔期，每年在规定的时间内，禁止任何人在规定的海域内捕鱼，对鱼类的生长起到了很好的保护作用。在2014年、2015年休渔期间，赵船长指挥4702号船加强了在管辖海域的执法巡查力度，增加巡航次数，曾在朝连岛海域阻止并抓获多艘外地非法捕捞船，依法进行扣留并押解回港，有力地打击和震慑了违法捕捞行为，维护了正常的海上秩序，为实现渔业资源可持续利用提供了保证。

赵船长为提高执法人员的素质，经常以适用法律法规准确、调查取证方法得当、处罚种类规范运用等为内容，组织开展船员专项培训。以学习促提高，以学习促发展，使执法能力和业务水平有了新的提高，为海洋执法工作的顺利开展打下了坚实的基础。

赵船长在航行执法工作中认识到：海监执法的根本目的就是维护国家和人民的利益，只有加强海监的宣传工作才能更好地提高海监队伍的执法能力，树立良好的执法形象，提升海监工作在社会上的认知度；只有让广大用海户了解海洋法律法规，遵守海洋法律法规，才能更好地促进海洋经济的发展。因此，他在每次执法中，除了严格按照规定执行外，都主动宣讲海洋知识、法律法规，提高用海户的法律意识。赵船长用自己的实行行动，保证了良好的用海环境，保护了青岛海域海沙资源及生态环境，保障了海域海上秩序的顺畅有序。

四、保护海洋环境，兢兢业业

中国海监是合理开发海洋、利用海洋、管理海洋的一支强有力的海上执法队伍。中国海监在渔港建设及渔港设施用海、养殖用海、港口用海，在严厉查处非法采沙、违法围填海等执法行动中发挥着重要作用。赵浩杰船长深知这项工作责任重大，认真履行职责，同执法人员一起，使辖区用海状况走上了有序、有偿、规范的轨道。

2015年3月21日夜间，赵船长巡航时，在青岛团岛污水处理厂附近查获倾废船并依法扣押进行处理，有效维护了辖区海上倾废秩序，保护了海洋环境。

受高额利润驱动，盗沙船经常冒险在海上出没，这一违法违规行为严重破坏了海洋生态环境，并存在着严重的安全隐患。针对非法盗采海沙行为呈现高发的态势，国家采取一系列措施，加大了打击力度，以遏制日益猖獗的盗采海沙行为。有一次，赵浩杰船长在青岛前海值班时发现南沙海域有盗沙船踪迹，在向上级指挥机关进行汇报的同时，立即对全船实施了灯光管制，并由外侧向5艘违法作业沙船缓缓驶去。一等到时机成熟，赵船长立即指挥释放快艇，实施突袭，由母船侧翼包抄，前后夹击对涉嫌违法采沙船进行围堵。5条采沙船见执法船阵势强大，随即加足马力向南逃窜。赵船长勒令其停止航行并接受检查，随即采用强光灯、强声喊话、水炮等执法装备进行追击、拦截。为逃避处理，违法船采用连续变向的方式加速逃窜，但都被沉着冷静的赵船长有效地控制了局面。经过7个多小时现场执法，成功将5艘盗沙船扣押，使违法者受到了应有的严厉处罚。

在上级部门的统一部署下，按照国家“五湾”保护战略和青岛市胶州湾保护发展思路，根据《青岛市胶州湾保护条例》有关规定，赵浩杰船长于2015年9月28日～11月30日作为指挥船开展了为期两个多月的综合整治检查工作，彻底整治胶州湾的违法行为，切实保护好胶州湾的生态环境。全船人员加强值班，充分利用执法设备，发现可疑动态时立刻出艇现场检查。由于执法巡查力度的加大，有效遏制了不法行为的发生。

五、传承海洋文化，永远长航

赵浩杰船长还积极组织开展以“传承劳模精神和工匠精神”为主题的学习活动，加强船舶文化建设，教育船员和执法人员立足自身岗位，做好本职工作，以船为家，大力弘扬劳模精神和“工匠精神”。要求船员以更饱满的精神状态、更务实的工作作风、更精细的工作态度做好本船每一项工作；要求船员有刻苦钻研、永不言弃的干劲儿，敢于奉献的精神，适应新时代要求，为建设海洋强国贡献力量。这种主题学习活动有效地提高了全体船员的整体素质。

赵浩杰船长严格执行“安全第一、预防为主”的工作方针，全面贯彻公司的各项规章制度，努力构建和谐船舶，带领全体船员同舟共济、克服各种困难。他处处以身作则、严格要求自己，认真负责，大胆管理，不断提高全体船员的安全意识和责任感，自觉执行各项规章制度。在他的带领下，全船安全管理、精神面貌、执法服务等方面成绩显著，为中国海监树立了良好形象。

人们常说的“工匠精神”，其实也是一种职业精神，它是职业道德、职业能力、职业品质的体现，是从业者的一种职业取向行为与表现。这种精神是社会文明进步的重要尺度，是中国前行的精神源泉，是企业竞争发展的品牌资本，是员工成长的道德指引。从过去的船工到现在的海员，从过去的扬帆摇橹到现在的机器动力的航海者，“工匠精神”从未缺失，也不可缺失。在船上每一个岗位都需要一位工匠，大家应各司其职，配合默契。

“一分耕耘，一分收获”，这是赵船长经常对船员们说的一句话。而赵浩杰同志也用自己十几年如一日的行动证明了这句话，平凡的岗位，平凡的工作，在他不同寻常的努力下，收获了不同寻常的人生果实。“水清、岸绿、滩净、湾美、岛丽”是赵浩杰船长与我们共同追求的海洋生态文明景象，海洋广阔，从蔚蓝到碧绿，美丽而又壮观，它不仅仅是美丽的风景，它还是人类未来的希望。赵浩杰船长像热爱生命那样热爱航海，伴随着海洋永远长航。

小知识

青岛国际海洋节

青岛国际海洋节作为青岛市的重要节庆品牌，创始于1999年，举办时间定在每年的7月。海洋节依托风光秀丽的海洋风景带，发挥青岛“中国海洋科技城”的优势，荟萃现代节庆之精华。活动内容丰富，涵盖了开幕式、海洋科技、海洋体育、海洋文化、海洋旅游、海洋美食、闭幕式等几大板块数十项活动，成为每年7月青岛一道亮丽的风景线。

青岛国际海洋节
QINGDAO MARINE FESTIVAL

如何避免晕船

人为什么会晕船？船舶摇荡时，人内耳前庭平衡器官受到异常刺激，引起脉搏、血压和呼吸频率发生变化，甚至发生眩晕、皮肤苍白、出冷汗和恶心呕吐，不同的人对晕船的敏感度也大不相同。

如何避免晕船？

（1）关注天气情况，选择好的天气乘船出行。

（2）在乘船前不要吃得太饱，也不完全空腹，应适量吃些容易消化的食物。

（3）位置要选择颠簸比较轻的位置，如在船上应坐中后部，心情要平静，不要紧张。

（4）穿衣不宜过暖热，闷热易恶心。

（5）对汽油味敏感者要远离气味来源或选择上风处。

（6）疲劳会增加晕船的概率，因此在出发前必须获得充足的睡眠。

（7）不要盯着手机看。

（8）服用晕船药。

2 推陈出新

苟日新，日日新，又日新。

——《礼记·大学》

案例3

“一根筋”成就霸主地位

彼得·圣吉说：“当世界更息息相关、复杂多变时，学习能力更要增强，才能适应变局。企业不能再只靠像福特那样伟大的领导者一夫当关、运筹帷幄和指挥全局。未来真正出色的企业，将是能够设法使各阶层人员全心投入，并有能力不断学习的组织。”

1998年春，已经是公司总经理的他，在一次乘车赴京开会途中，看到行驶着的一辆时风三轮车蜕色严重，他马上让自己的车速减速慢行，认真观察了这辆车的蜕色情况和车型规格。之后，他立即用手机通知公司科研所马上着手调换油漆。当他赶回公司时，已经是晚上22点多了，长途劳顿的他直接来到科研所，连夜同科研人员一起分析问题，查找原因，连续三天没有回家，直到换漆成功。2008年，他接受《华夏时报》的采访：“从学校毕业到现在，您和时风一起走过了21年，作为‘时风现象的缔造者’，您认为时风成功的关键是什么？”他说：“我先给你说个故事吧，上次我去北京开一个农机行业的会，全国生产农用机械的一些企业基本上都来了，主办方说我们是行业老大，非要我讲话。我当时就跟大家说，我们今天坐在这里开会，最应该感谢的是那些今天没有来的企业，为什么呢？正是因为很多企业退出了，才给我们留出了市场发展空间。而那些企业投资到其他的行业中，一样发展得很好。我们这些傻人干不了别的，所以就还在这儿干农机。你不要认为这是句玩笑话。农机行业经过20年的发展，市场已经非常成熟，整个行业的利润率也比较低，很多企业都因此退出了，而时风坚持了下来，把他们的市场接了过来，才成就了今天行业老大的地位。”故事讲到这里，大家应该想起了那句广告词：时风，时风，路路畅通。没错！我们今天就来说说故事的主人公——全国劳动模范、现任时风集团董事长兼总经理刘成强。

刘成强，山东省高唐县人，山东时风（集团）有限责任公司董事长、总经理，中国机械工业联合会副会长、中国农业机械学会副理事长、山东省第九次党代会代表。

1987年，刘成强从青岛机械中专（2018年合并到青岛海洋技师学院）毕业分配到原高唐县工具厂做技术工作，这个厂就是时风的前身。1993年，根据高唐县政府的意见，把工具厂与已经破产的机械厂合并，时风集团就是这么来的。

从上班的第一天，刘成强就扎进了车间的一线，渐渐熟悉了生产工艺和技术情况。两个月之后，刘成强便对全公司的生产情况了如指掌。在两年时间里先后对20多项生产工艺进行了改进，设计了冲压模具40余套，机械加工工装夹具近百套。刘成强的这些改进给厂里带来了明显的经济效益。

由于刘成强的突出成就和出色表现，1993年公司提拔他为科技研究所所长，1995年担任副总经理。

1995年底，时风又先后兼并了县拖拉机站、纺织机械厂、化肥厂的一部分，基本救活了高唐县的机械加工企业。1995年，时风的产销量比1993年几乎翻了10倍，利税达到了9503万元，在当时这几乎是一个天文数字。

1997年底，刘成强又挑起了常务副总经理的重担，1999年底担任时风集团总经理。

一、实现理想的阶梯

起初，公司实力有限，还不能大批更新新型设备，刘成强便组织科技人员、技术工人对公司大小设备逐台会诊，开展革新改造。经过两年的摸索积累，刘成强领导技术人员先后完成了74项设备攻关项目，创直接经济效益2000余万元。

刘成强是学技术出身，他认为“以质取胜”不是一句简单的口号，因此，不论是整体部件还是零散配件，凡是可以改进的，他都潜心研究。农用三轮车有句行话，叫作表面文章最难做（指车的表面漆层工艺不易过关）。可刘成强就不信“邪”，他带领专业人员连续攻关，经过无数个日日夜夜的研究改进，终于解决了这一难题。

他提出，允许技术人员搞实验时出现失误，不计较这种失误重复多少次、造成多少损失，以鼓励科研人员放下包袱，开动脑筋，大胆试，大胆闯；但不允许任何岗位不干事，不允许任何生产、销售、行政管理环节因工作疏忽大意出现失误，哪怕只有一次，造成的损失多么轻微也不行。

众所周知，时风在最初做三轮农用车的数年时间里，包围它的是一片谩骂声，叫得最响的是那些传统的老牌企业。时风集团不断降低成本，满足购买力下降的农民用户的需要。这一做法使得许多老牌企业疲于奔命，小企业荡然无存，事实证明了时风的正确。做三轮车为时风积淀了资金、营销网络以及享誉中国农村市场的品牌优势。

他说：“当前知识经济浪潮，高精尖技术的呼声让我们有点找不到北了，好像只有搞芯片企业才会有出路，只有去开发基因工程的企业才有希望。有些企业的经营者不是专心地挖掘已有的优势，下力气培植自己的主导产品，而是不顾客观条件地求洋图新，东一榔头，西一棒槌，什么也深入不下去，结果新的优势没有生成，老的基础也丢了。”

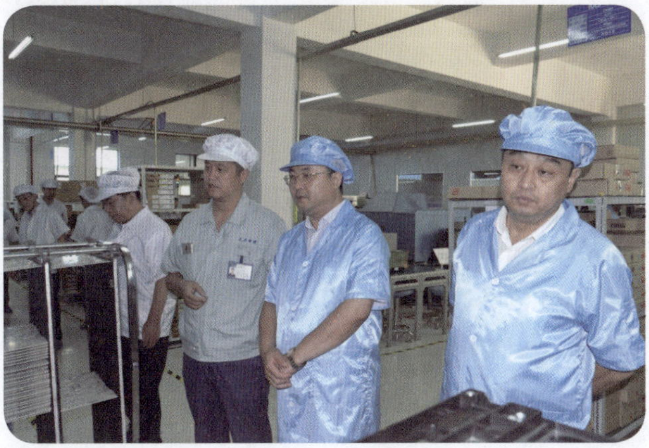

1997年6月，刘成强带人去河北考察，听说有家企业刚试制出一种新型三轮车驾驶舱模具时，他马上赶去考察，发现这个模具非常适合本企业汽车的改造生产，于是，他当机立断，当场签下供货合同，连夜赶回公司，第二天就开始安排换型流水线的改建。当时，有些人对新车型还存有疑惑，但是刘成强表现出惊人的自信：这个新车型绝对有市场。果然，新车型投放市场后，半个月赚回了260万元的模具投资，在秋季全国农机订货会上时风拿到了占大会6成的订单。三个月后，当别的厂家还在后悔错过了这次换型机会时，时风已经有1000万元的盈余。就是靠这种高度负责任的精神，刘成强一次次为企业赢得了市场份额。

二、经典决策

资金缺少是大多数企业发展过程中的一个瓶颈，但对于送上门的钱，刘成强并没有来者不拒。2002年美国摩根士丹利公司拟向时风集团投资3000万美元，当时引起了整个中国制造业的震动。因为摩根士丹利世家在全球掌管着4250亿美元资产的投资银行“巨舰”。

对于这项投资意向，相关分析人士指出：这次摩根士丹利盯上的时风集团是一个制造业企业，而制造业对风险投资来说普遍认为是增长空间有限的“夕阳产业”，摩根士丹利对时风一下子投进去3000万美元，和以前数年在中国的2亿美元总投入相比，不能不说是一个非同寻常的动作。摩根士丹利的此番举动，颇为耐人寻味。

时风集团总经理刘成强对记者说：“经营一个企业是一项系统工程，光有钱不行，还要有项目。多年来，我们在决策上之所以没有犯大的错误，就在于在投资每一个项目之前都反复权衡自己是否有能力让这个项目顺利投产并赢利。”

刘成强说，上市也好，向银行和投资机构融资也好，关键是要让这些钱运转起来，产生效益，这既是对企业和员工负责，也是对投资者负责。如果具备了进一步做大的条件，需要更多的资金，时风也会考虑新的融资方式，包括上市追逐梦想。

最终刘成强拒绝了摩根士丹利3000万美元的投资。

三、居安思危

短短十年时间里，山东时风集团已经具备130万辆农用车、130万台发动机、30万台拖拉机的生产能力，营销网络遍布全国，拥有2000多个营销网点。这样的速度，不只是在农机行业，放在中国的任何一个行业里，都堪称奇迹了。

但是，作为企业掌舵人的刘成强却居安思危。

刘成强认为，企业发展得快自然是好事，但是企业的辉煌往往会掩盖来自企业本身的一些隐患，就像温水中的青蛙，无法感知外界的威胁。如果不加强学习，你就找不到企业的隐患在哪里，企业的生命力也就不会长久。

正是因为他自身浓厚的危机意识，刘成强经常在公司内强调，企业唯一的竞争优势是具有比其竞争对手更快的学习能力，未来最成功的公司将是那些拥有学习创新能力的公司。

这样的公司，需要的是相应的人才。当不少企业把“以人为本”仅仅作为一句口号时，刘成强真正把“以人为本”作为企业发展的根本。

企业高速发展和人才短缺之间的矛盾，促使刘成强有了建立时风大学的决心。由于企业的高速扩张，时风新增员工人数已经连续两年超过6000人。然而，其中能真正独当一面的高素质技术人才和管理人才却相当缺乏。

刘成强说：“时风要走新型工业化之路，要向国内著名、世界知名的大型运输机械集团的目标进军，这就要求首先要有高素质的人才做保证。但是，我们的员工中有很多人文化程度不高，他们的知识水平已经赶不上时风快速发展的需要，我们应该为他们不断创造持续学习的机会，这是实施人本管理的体现，也是企业文化建设的需要。”

他投资兴建了时风大学、时风研究院。这样使得时风的核心技术优势更加明显。时风技术研究院下辖5个产品研究所、5个工艺研究所、科研人员都是企业自己培养的，形成了自己的核心技术开发力量。

在战略上，刘成强有着自己独特的理念和方法。时风的目标是做国内驰名、国际著名的运输机械集团。然而，要达到这一目标，时风必须跳出农机业务领域向整个运输机械行业扩展，走出国门，塑造国际品牌。刘成强说，进入汽车行业是时风的夙愿，但当时的经济实力、技术、人才等各方面的条件决定了当时生产汽车是不现实的。

四、进军汽车产业

如今的时风，已经在朝这个目标前进的路上迈出了坚定的步伐。多年的资金、技术积累以及在农用车市场建立的品牌优势和营销网络优势，为时风进军汽车行业打下了坚实的基础。

囿于国家政策方面的原因，时风采取了一种迂回策略：借别人的目录生产自己的汽车。

早在2003年，时风与国内知名汽车企业一汽红塔签定了合作生产轻卡的战略协

议。如今，时风一汽红塔轻卡已经形成了年产5万辆的生产规模，汽车零部件实现了本地化、系列化。同时，时风在配套体系上打造成本优势，与青岛双星合作的时风双星轮胎已经形成年产400万套轻卡汽车轮胎的生产规模，同时组建了时风润滑油有限公司，形成年产10000吨润滑油的生产能力。

此外，时风与北方奔驰实行强强联合，时风向重卡方面进军。按照时风以往的风格，它的任何举动都不容对手忽视。

在激烈的竞争态势下，农用车企业从最初的200多家，竞争发展到今天的七八家，而时风已经成行业的绝对领先者，连续8年位居行业第一。近年来时风又在汽车行业频频出手，成功进入汽车市场。作为搞技术出身的总经理，刘成强见证了时风的发展历程，而他的个人经历已经成为时风发展史的一个注解。

现在的时风集团，稳坐农机行业的第一名，但刘成强并不满足，他要把时风集团建设成“中国驰名、世界著名”的运输机械集团。

他认为，实干最重要，干事业，坐而论道不行，必须要扎扎实实，一切从实际出发，按客观规律办事，说实话，办实事，求实效。巧干不是投机取巧，而是要讲究工作方法、工作技巧、工作艺术，不断总结经验教训，提高科学办事能力，切实达到事半功倍的效果。要坚持提升标准，要围绕怎样把事情做得更完美来动脑筋。做任何事情都以追求卓越为目标，以“做到最好”为标尺，推陈出新才能把任务出色完成，才更有利于事业发展。

小故事

一只小青蛙厌倦了常年生活的小水沟，因为小水沟的水越来越少，越来越臭，它已经没有什么食物了。小青蛙每天都不停地蹦，想要逃离这个地方。而它的同伴整日懒洋洋地蹲在浑浊的水洼里，说：“现在不是还饿不死吗？你着什么急？”终于有一天，小青蛙纵身一跃，跳进了旁边的一个大河塘，那里面有很多好吃的，它可以自由游弋。

不久，水沟里的水干了，小青蛙的同伴被活活地饿死了。

只有敢于打破自己固有的圈子，才可能改变自己的命运，才可能拥有更加广阔的发展空间。那些死守习惯、不愿脱离惯有轨迹的人永远都不会有所突破。

案例 4

做一名“黑鱼”的优秀内科医生

《诗经》云：有匪君子，如切如磋，如琢如磨。古人将君子自我修养比作匠人打磨精美器物，其对“工匠精神”的推崇可见一斑。切了又磋、琢了又磨，正是匠人对技术精益求精、对作品精心打磨的生动写照。

“黑鱼”是军事发烧友对海军装备潜艇的昵称，潜艇作为一种战略性武器，其研发和维护需要高度和全面的工业能力，目前只有少数国家能够自行设计、生产和维护。

某舰船主机8NVD型柴油机修理结束进行试验时发现启动困难，故障主要表现为飞轮转动不连贯，甚至飞轮根本不转。作为全船的“心脏”以及为船舶提供推进动力的设备，船舶主机的启动问题为已经完成修理并准备启航的舰船蒙上一层阴影。当时船舶维修团队找到了船舶钳工“大拿”乔显胜。乔显胜通过认真观察、查阅资料并结合自己的工作经验，大胆猜测是船舶维修工艺的问题。通过艰苦的努力，他创造性提出了一套系统维修方法，经过多次试验取得成功，此种方法取得了“青年科技创新‘五小’成果”的第一名。

某船密封装置的维修只有南方一家公司能够进行，很多北方船舶出现问题只能到南方去进行维修，增加了企业成本和负担。面对企业需要，乔显胜承担技术攻关任务，经过多次实验，制作出一套专用工具，将此密封装置成功修复，打破了市场被垄断的格局，此技术获得“青年科技创新‘五小’成果”二等奖。由于优异业绩和出色的创造能力，2015年，乔显胜被评为“青岛市首席技师”。

乔显胜是青岛海洋技术学校（现青岛海洋技师学院）轮机专业的一名优秀学生，现为某军工企业从事潜艇维修，舰船机械维修、保养工作的高级技术人员。

“学校老师教给我很好的专业知识和技能，为我工作打下良好的基础。”面对我们的采访，乔显胜表现出对学校的深厚情感。“但是，企业工作毕竟不同于学校，我毕业后主要从事舰船主机、副机、锚机、舵机、液压系统等系列设备的维修和保养，面对不同的设备和具体状况需要不断学习实践，才能成为一个合格的、称职的技术人员。在工作中，我们需要的是把理论知识与实践相结合，不断在实践中提高自己的专业知识和技能。”乔显胜认真地说。2010年，乔显胜参加青岛市第十一届职业技能大赛，夺得船舶钳工竞赛项目第一名，获得“青岛市技能大赛状元”“青岛市青年技术能手”和“青岛市技术能手”等荣誉称号。成绩的取得离不开他对船舶维修职业的敬畏和热爱；他总是能全身心地投入工作，精益求精、追求突破、追求创新则是他一贯的工作作风。

潜艇内工作空间既狭窄又恶劣，温度高、噪声大、盐雾多、湿气重，被公认为全船最艰苦的地方。有时需要躺着、蹲着工作，满身油垢是家常便饭。干好潜艇维修工作，不仅需要专业知识技能，更需要不怕苦、不怕累的敬业精神，这些素质有时比技术更重要。只有具备不畏艰辛、永不言苦的精气神才能越过重重困阻，最终攻坚克难。“要干就干到最好，要做就做到极致”，乔显胜就像“黑鱼”的优秀内科医生一样，用自己的实际行动诠释了船舶心脏“护理师”的责任与担当。

谈到“工匠精神”，乔显胜说：“我自2000年进厂至今已有18年之久，从最初的学徒到今天带学徒，工作需要不断地在实践中总结经验，发扬“工匠精神”必须做到用心、多学、多练、多干。跟我一块儿来厂的职工，有好几个因受不了苦和累离职，我的职业感受就是：不可能轻轻松松就能成功，任何成绩取得都需要汗水和拼搏。”

“工匠精神”落在个人层面，就是一种认真精神、敬业精神。乔显胜的学历并不高，他周围的同事大多是本科生、研究生，他只是一名技校生，之所以能在人才济济中颖脱而出，就在于他有一种工作干劲儿、韧劲儿、拼劲儿。他不仅仅把工作当作赚钱养家糊口的工具，而是树立起对职业敬畏、对工作执着、对产品负责的态度。他总是不断追求完美和极致，永远给客户一种无可挑剔的体验，将一丝不苟、精益求精的“工匠精神”融入每一个环节，做出打动人心的一流产品。

真正的“工匠精神”，不仅要守规矩、重传承，更要讲创新、求超越；一个具备“工匠精神”的匠人，不仅要有“几十年专注于做好一件事”的执着，更要有把品质从99%提升到99.99%乃至更高的强烈自觉性，这是乔显胜的可贵之处，也是潜艇等国防装备不断更新换代的不竭源泉。

小知识

为什么船舶轮机长叫“老轨”

船员对轮机长、轮机员有个很奇怪的称呼，把轮机长叫“老轨”，其他轮机员，大管轮叫“二轨”，二管轮叫“三轨”，三管轮叫“四轨”。有些刚上船的船员或刚到航运部门工作的人，误解这样的称呼，以为是“老鬼”“二鬼”，是对这些轮机员的藐视或污蔑。其实，这样的称呼并没有任何藐视或污蔑的意思，轮机人员对这样的称呼并无反感。如果在“老轨”“二轨”后面加上个“师傅”两字，那就是很尊敬的叫法。到底为什么把轮机员称为“轨”呢？据调查了解，在中国交通运输事业发展史上，19世纪中期先有铁路、蒸汽机车，直到19世纪末才有蒸汽轮船。而到20世纪30年代初，才有中国人在船上当轮机员。这些轮机员大多是在铁路从事机车操作或修理出身。船舶机舱的“生火”“加油”和“机匠”人员的称呼和铁路相似，但轮机员、轮机长的职务铁路部门并没有，于是人们按照铁路的“轨”称呼这些轮机人员，并把轮机长尊称为“老轨师傅”，或简称“老轨”。“老轨”的叫法，大多用在上海以及北方沿海，而在我国广东和香港，则称轮机长为“大车”，大管轮叫“二车”，二管轮叫“三车”，三管轮叫“四车”（书写时所有车字均加“人”字旁）。轮机员称“车人”。现在在广东已不再这样称呼，而采用上海的叫法。只有我国香港的船舶很多仍按这种称呼。国外船舶对轮机长、轮机员的称呼和我们有所不同。他们称轮机长Chief Engineer（中译应为总工程师），轮机长以下Second Engineer（第二工程师，相当我们的大管轮），Third Engineer（第三工程师），Fourth Engineer（第四工程师）。据说我国的大、二、三管轮的称呼，是在抗战胜利后，航运恢复期间，上海成立的中国轮机学会提出的，将轮机员与驾驶员同样按大、二、三的称呼，享受同等待遇。目前据说也有个别国家采用这种职务称呼方法，如过去的东欧国家的船员。

轮机长成长历程

一般来说，本科生、大专生、中专生毕业后，做到老轨需要8～15年的时间，如果是从普通船员做到老轨需要15～20年或者更长时间。毕业前考取高级海员毕业（成绩单），在船任三管实习生职务12个月，表现良好，换证可做三管。在船任三管职务满18个月，表现良好，换证可做二管。在船任二管职务满12个月，表现良好，经过海事局考试合格可晋升大管，但是在考试通过后，需要在船实习至少3个月，实习报告得到批准通过后方可换发大管轮证书。在船任大管职务满18个月，表现良好，经海事局考试合格可晋升轮机长，需要在船实习至少3个月，实习报告得到批准通过后方可换发轮机长证书。

• 小幽默

大型船舶都有推动船舶航行的主机，还有日常供给船舶主机、甲板起货设备、绞缆设备及生活照明发电用的副机。某日航行海上的船舶主机发生了故障，船舶不得不在海上漂泊。

船长根据调度规程马上给调度员发了一份漂航电报："本轮主机故障，正在抢修，预计抵港时间推迟，请相应调整靠泊计划。"调度员马上回电："主机坏了，船舶不是还有副机吗？全速前进，靠泊计划不变！"

船长看了电报后回电："请问我们如何给副机安装螺旋桨！"调度员看了船长的电报后，怎么也弄不明白船舶装了副机为什么不给安装螺旋桨。

案例 5

精钻人生

老话说，一个和尚挑水吃，两个和尚抬水吃，三个和尚没水吃。说明人多反而不如人少。有三个庙，这三个庙离河边都较远。怎么解决吃水问题呢？第一个庙，和尚挑水，路比较远，一天挑了一缸就累了，不干了。于是三个和尚商量进行接力赛，每人挑一段。第一个和尚从河边挑到半路，停下来休息。第二个和尚继续挑，又传给第三个和尚，挑到缸里灌上去，空桶回来再接着挑。这样一搞接力赛，就从早到晚不停地挑，大家都不累，水很快就挑满了。这是协作的办法，叫“机制创新”。第二个庙，老和尚把三个徒弟叫来，立下新的庙规，引进了竞争机制。三个和尚都去挑水，谁挑得多，晚上吃饭加一道菜；谁挑得少，吃白饭，没菜。三个和尚拼命去挑，一会儿水就满了。这个办法叫“管理创新”。第三个庙，三个小和尚商量，天天挑水太累，山上有竹子，把竹子砍下来连在一起，竹子中心是空的，然后买一个辘轳。第一个和尚把一桶水摇上去，第二个和尚专管倒水，第三个和尚在地上休息。三个人轮流换班，一会儿水就灌满了。这叫“技术创新”。

一、匠心筑梦

你能想象用麻花钻头给生鸡蛋钻孔吗？用麻花钻头给生鸡蛋钻孔，0.2毫米薄、10毫米直径的蛋壳下，蛋膜却完好无损……很多人惊呼：“这怎么可能！”这就是“恩磊精钻”，是青岛港钳工刘恩磊练就的一项绝活儿。

刘恩磊1995年12月从青岛市机械技术学校毕业后，入职青岛港，一直从事钳工工作。从业23年，他通过自学取得了大专文凭、钳工高级技师资格证，并参与编写了20多万字的专业机械教材，作为青岛港工人安装大型桥吊等设备的指南；从业23年，他研发的多功能模具为企业节省了20多万元，青岛港上的大型桥吊全都安装着他设计生产出来的零部件；从业23年，青岛港总共举办了15届技术比武，他拿了12次钳工比赛的冠军，连续两年被青岛港集团聘为首席技师。多年来，刘恩磊更是获得了青岛市“技术能手”“新长征突击手”“有突出贡献的技师”“首席技师”等多项荣誉。在青岛港的技术一线舞台上，他正在用手中的钻头书写着“工匠精神”！

二、精益求精，苦练专业绝技

“宝剑锋从磨砺出，梅花香自苦寒来。”刘恩磊骄人的成绩得益于他年复一年的自我钻研和一丝不苟的工作态度。在青岛港，人人都知道刘恩磊有一项绝活儿——给生鸡蛋钻孔：先将鸡蛋放在一个凹陷的盒子里固定好，当麻花钻头高速转动起来后，将钻头轻轻地贴在鸡蛋上，接触数十秒，停掉钻头，你就可以看到鸡蛋的蛋壳上出现了一个10毫米直径的小圆圈，圆圈的中间有一个细微的小孔。用一根细铁丝，沿着小圆圈的外延可将蛋壳慢慢地从鸡蛋薄膜上取下来。

很多人会问：“好好的钳工干吗跟鸡蛋过不去？”刘恩磊介绍说，厂里生产一台港口机械需要钻孔、攻丝上万个，如果其中有一个孔出现偏差，就会导致大机装配无法进行，为了提高钻孔精度，他就想出了用钻床钻鸡蛋取皮的练习方法。用钻床钻鸡蛋取皮这项绝活儿练的就是协调度，通过练心、练气、练眼、练手，追求人机合一的境界。

为了练习鸡蛋钻孔，刘恩磊吃了不少苦头。刚开始练习的时候，一个鸡蛋有时要打上十几个孔，一个孔破了，就用胶布堵死接着打。那段时间，生鸡蛋成了他上班的必备物品，同事们都下班了，他还在车间里加班苦练，有时甚至练到半夜三更。他每天都要练上几个蛋，最后还把“千疮百孔”的鸡蛋拿回家给妻子炒菜，家里天天吃鸡蛋，把自己闺女都吃恶心了，看见鸡蛋就跑。“每天对着鸡蛋，简直要走火入魔了。”刘恩磊自己笑言。

功夫不负有心人，在钻坏了1800多个鸡蛋之后，刘恩磊终于成功了！他的技艺随之又提升了一个层次，这一绝技也被青岛港集团命名为“恩磊精钻”员工品牌。

三、一丝不苟，追求卓越品质

“质量是产品的生命线，尤其是精度要求特别高的工序，钻孔的位置连一根发丝细度的误差也不行。”这是刘恩磊对自己的要求。他认为，技术的历练最终要达成职业的担当，这也是每个人应尽的社会责任。

在制造安装董家口转载楼时，整个转载楼有上万个孔，加工精度要求都很高，其中连接板的加工精度要求最高，一根头发丝的误差都不能有，经过几次的加工试验，都存在2毫米的误差，达不到0.2毫米误差的要求，工程一度停工。刘恩磊得知情况后迎难而上，主动请缨，承担了连接板加工任务。他凭借一丝不苟的态度、精湛高超的技艺，不仅使加工的孔全部控制在了0.2毫米的误差范围内，而且比原计划提前10天完成了任务，为转载楼顺利安装提供了品质保障。

刘恩磊一丝不苟的工作态度和精湛高超的技艺，不但是他个人的宝贵财富，更是产品卓越品质的保证，为企业带来了巨大的经济效应和社会效应。

四、勇于创新，不断超越自己

对于技艺的追求，刘恩磊精益求精，如痴如醉。他说：“很多人觉得我干了23年的钳工，天天对着一堆冷冰冰的钢架划线钻孔，还经常加班，没累傻也闷傻了。但我反而觉得很有意思。钳工不是简单的重复性劳动，我要看图纸，根据图纸划线，还要根据板材的形状、大小、高低来计算如何更快解决划线难题，在最短的时间内加工出最标准的工件。每次的成功、每次的自我超越，都让我觉得兴奋，很有成就感，然后又激励我继续研究创新。”

刘恩磊将这种精益求精、勇于创新的精神始终贯穿在自己的技术工作中。2012年，青岛港董家口港区制造堆10500吨、取6000吨的堆取料机，这是当时世界上最大的堆取料机，没有任何的资料和经验可以借鉴。按照设计要求，小平衡梁安装到位后变形量不能大于1毫米，但是按原来的工艺制造，变形量都在10毫米以上。如何将变形量控制在1毫米以内？公司领导将重任交给了刘恩磊。没有丝毫的犹豫，刘恩磊临危受命，接下了这块“难啃的骨头”。他潜心研究设计，白天晚上连轴转，经过大半个月的艰辛努力，设计的大车行走组合胎具一次研制成功。投入使用后，小平衡梁铆焊变形量被控制在1毫米以内，减少了划线和机加工辅助工序，而且提高工效3倍以上，为青岛港集团节省购买专用设备资金20余万元。现在这项技术更是广泛地应用在桥吊、自动化堆垛机等更高端的设备制造中。这样的技术创新只是刘恩磊工作的常态。“不要墨守成规，在工作中要敢于超越，不断创新，大胆尝试一些新方法、新技术。”刘恩磊直言。

五、传道授业，传承“工匠精神”

早在2006年，刘恩磊就已经在公司基层一线发挥着传、帮、带的作用。在他看来，师傅除了把自己的心得和经验教授给徒弟之外，更应该鼓励他们开动脑筋，独立思考。“创新就是在总结经验之上，一步一步摸索出来的，以前人家怎么干你就怎么干，这样永远也不能出徒，做技术活儿还是要动手动脑。”这是刘恩磊经常对徒弟们说的一句话。

每次徒弟遇到疑难问题需要刘恩磊帮助时，他都会先启发再引导，技术上的难题与大家一起交流学习。刘恩磊带徒弟有个习惯，徒弟可以错，但是绝不能一味地模仿，用他自己的话讲，“学手艺不动脑，一辈子都出不了师”！有一次研究齿条孔反向定位、顶面钻孔难题时，刘恩磊带着几个徒弟反反复复研究后，一个徒弟大胆提出了在摇臂钻床上做定位专用工具的想法。说干就干，刘恩磊和徒弟们经过三天的反复试验，齿条孔定位专用工具成功投入使用，这大大提高了工作效率和质量，并得到公司创新成果奖励。为了使年轻人更好更快地成长，刘恩磊还利用业余时间，编写了五个级别、27万字的钳工培训教材，并全部制成了电脑课件，把自己多年在工作中总结出的心血毫无保留地传授给徒弟，传授给那些刚入职的年轻人。

“泡一杯茶，然后在工作台旁对着钢架一站就是一天，休息的时候就是端起水杯喝口茶。这就是师父每天的工作状态，无视周遭，只沉浸在技术的世界里，这应该就是‘工匠精神’。”凝神专一、默默坚守，在言传身教中，刘恩磊将“工匠精神”一代代传承。

由于刘恩磊的精心指导，他先后培养带出三名“金蓝领”技师徒弟，一名已经担任班长，一名连续两年获得集团技术比武第三名，之后又取得了第二名的好成绩，成为分厂的技术骨干。就这样，他为港口发展培养了一批技术骨干。

六、专注坚守，擦亮中国品牌

“到2025年，在日常生活中，民众更愿意使用中国制造的产品，中国制造提供的产品应该是‘高品质’的代名词。这是‘中国制造2025’规划的愿景。”刘恩磊介绍说，“我也希望自己能够为擦亮中国品牌发挥自己的光和热。”

从1995年入职青岛港以来，刘恩磊一直坚守在一线岗位，耐得住寂寞，稳得住根基，默默奉献23年，用自己的平凡专注、一丝不苟、精益求精、勇于创新为擦亮中国制造而不断努力。伴随着青岛港口的大发展，港机大机制造数量越来越多，制造的工艺要求和质量标准也越来越高，刘恩磊对自己的要求也越来越严格，一定要精益求精，做到极致，做出境界。刘恩磊的妻子笑言，刘恩磊就是那种有点“强迫症”的人，做什么都想要完美，对工作，对家庭都是如此。他自己说：“我其实也研究过德国制造的一些器械，无论是走线还是外观，都堪称完美，我希望中国的制造者也能有这样精益求精的精神，我们每个人都做得更好一点，中国制造2025就为时不远。”刘恩磊谈到了自己的期冀，那就是希望有朝一日，中国制造的品牌之光可以照亮全世界。

谈及“工匠精神”，刘恩磊有着自己独到的见解。“我理解的‘工匠精神’首先就是爱岗敬业，干一行就得爱一行；然后是精益求精，干一行就钻一行；最后是勇于创新，为你爱的这行有所作为。”

的确，从刘恩磊的身上，我们看到了他对“工匠精神”的完美诠释：一丝不苟的工作态度、精益求精的品质追求、勇于创新的自我超越和数十年如一日的默默坚守！于他而言，他手中的精钻不仅是他谋生的工具，更承载着他一生的尊严和梦想！

小知识

指　纹

人有十个手指，指纹大约可以简单地分为两大类：一类是螺纹状的，俗名叫作“斗”；一类是开口状的，俗名叫作“箕”。传说手指上有几个“斗”，决定人的一生命运。

指纹是人体独一无二的特征，据说现在全世界所有的人口中，没有两个人的指纹是相同的。因此，当今世界各国司法部门都把指纹作为“物证之首”，在侦破案件时发挥着巨大的作用。事实上，指纹在医学、体育等方面均有广泛的运用。

指纹博物馆展出的资料显示，通过指纹就能看病。在中医词汇里，便有流行的“浮沉分表里，红紫辨寒热，淡带分虚实，三关定轻重”的理论，这个理论对小儿诊断尤其有效。如指纹色淡，多为虚证、寒证，可见脾胃虚弱、营养不良症状；如指纹鲜红浮露，多为外感风寒，可见于伴有发热、恶寒、咳嗽、流涕的感染性疾病初起时；指纹紫红沉隐，多为里热，可见于高热、咳喘的支气管肺炎等病。

令人称奇的是，科学家还发现，通过指纹还能帮助选拔杰出的体育人才。据介绍，俄罗斯的研究人员对顶级运动员（世界冠军、欧洲冠军及奥运会参赛队员）的皮肤纹理研究已经开展了十几年。将这些运动员的身体特性与其指纹特征进行对比，研究人员发现了一些明显的规律。短跑运动员通常具有图案极其简单的指纹，且指纹中的线条也非常少；需要良好的身体协调性的摔跤、拳击、自由式滑雪等项目的选手，他们的指纹则往往具有复杂的图案和繁多的线条。

专家认为，指纹图案简单、线条数量较少的指纹通常表示人的力量很大，但耐力和动作协调性较差。而形状复杂、线条数量较多的指纹则意味着人具有更好的耐力和协调性，但爆发力较弱。

俄罗斯专家表示：“我们不能断定，具有某种指纹的孩子将来一定会成为伟大的运动员。但我们完全可以建议运动员从事某种他易于达到顶峰的体育项目，而不至于在并不适合自己的项目上浪费时间。这种方法简单有效，完全可以在普通体校使用。”

3 勇攀高峰

世上无难事，只要肯登攀。

——毛泽东

案例 6

蓝色的梦靠脑和手来实现

中国制造呼唤“大国工匠”精神回归，“海洋强国”之梦呼唤“蓝色工匠”勇于担当，而“匠于心、精于工、品于行”是“未来工匠”必备的精神和素质。匠于心，一念执着，一生追求；精于工，精益求精，千锤百炼；品于行，摒弃浮躁、踏实务实。青岛海洋技师学院一直将“踏入海校，走向世界”作为学校的人才培养目标，这是每一个海校学子不懈追求的蓝色梦想，而楚海洋就是这样一个在不懈追逐蓝色梦想道路上激流勇进，向世界舞台——俄罗斯喀山进军的海校娇子。

楚海洋，制冷空调设备运行与维修专业“三二连读”1502班学生。曾获2017年青岛市中职技能比赛三等奖、2017年行指委技能大赛团队二等奖。2018年4月25日，在第45届世赛选拔塞上过关斩将，以山东省集训选拔赛冠军身份闯入国家大赛。同年6月13日至15日，楚海洋又代表山东省赴上海参加第45届世界技能大赛制冷与空调项目全国选拔赛，在与全国同行顶尖选手的竞争中脱颖而出，成功跻身国家集训队，为学校获评国家集训基地奠定了稳固的基础。（我院被评选为世赛制冷项目国家集训基地绝非偶然，这是学校多年来精心致力于专业建设和新旧动能转换的成果。我院是青岛市第一个开设制冷专业的技工院校，建有集家电制冷、船舶制冷、超低温冷库、中央空调等项目为一体的综合制冷实训中心。）

初见楚海洋，你会被眼见这个快乐大男孩所感染，他那阳光般憨厚的笑容总写在脸上；他那炯炯有神的眼睛透露着坚毅与自强；他不多的话语让你感受到这是一个有担当的青少年；而他那长出茧子的双手则是平常勤学苦练的最好写照。在班主任眼中，楚海洋是一个“能受得起委屈的寝室长”，寝室里的脏活儿累活儿他都争着去

做。记得有一次为了将寝室地面擦干净，他蹲在地上用小鞋刷一点点地将地面污渍刷掉，两只鞋都湿了，也毫无怨言。在任课老师的眼中，楚海洋的动手能力强，专业知识扎实，电路板接两遍就记住了，不懂就问，最关键的是不怕吃苦，这是楚海洋能够在技能大赛的道路上越走越远的关键因素之一。在同学们眼中，楚海洋是个“灵活的小胖子”，乐观、开朗的他在班上人缘很好，知分寸，懂谦让。在指导老师的眼中，楚海洋是能沉下心来做事的好学生。大赛训练是很枯燥的，从接触系统到调试系统，从陌生到熟悉再到精通，期间要付出太多的汗水。每个制冷系统的每个管件要做近百次，甚至更多。训练中要严格遵守操作程序和制度，又要不断提高制作速度，要像对待工艺品一样对待铜管。为了练习，手上的茧子不知不觉在增厚。

2015年，因为兴趣，楚海洋选择了制冷空调设备与运行这一专业。他入校后，深深被大国工匠的精神及工艺所折服。当兴趣和勤奋交织在一起，就会产生奇妙的火花，并牵引着楚海洋一路进入大赛的队伍。记得第一次参加的大赛是2017年青岛市中职技能比赛，楚海洋发挥失常，也正是这次失败，让他意识到了自身的不足和对手的强大。塞翁失马，焉知非福，从此他比以前更加刻苦地训练。在接下来的行指委技能大赛上，楚海洋技能较前次比赛有了质的飞跃，取得了二等奖。这两次大赛的经验，更让楚海洋坚定了自己的理想，一定要走工匠成才之路。在高手林立的竞赛场上，选手比拼的无非三点：一是心理状态稳定，有利于正常发挥自身水平，尤其是参加全国性赛事，不仅要有过人的技术，更要有良好的心理承受力。用楚海洋的指导老师，第45届全国选拔赛裁判员徐立山老师的话：“楚海洋特别抗击打。”比赛中如果遇到小失误，他总会让自己尽快镇静下来，及时找到挽救措施，然后按部就班地往下进行。良好的心理素质和稳定的临场发挥，与他平时的刻苦训练是密不可分的。楚海洋平时训练刻苦，完全按照工艺标准、操作标准来做，养成了良好的职业习惯，在真正的赛场上，可以做到不慌不乱，按照工艺标准执行。就算遇到不可控因素，他也会随时调整自己的作战方案，并在有限的时间内力求完美。心理状态稳定，这是楚海洋的最大优点。二是比拼速度，在规定时间内完成所有参赛内容，这也是最基本的要求。全国职业技能大赛，打拼的就是速度，而如何提速，是对楚海洋最大的考验。众所周知，空调“三分设备，七分安装”。高技能、高素质的新蓝领安装工是实现空调高品质、高口碑的关键。所以安装速度在比赛中显得尤为重要。这个“灵活的小胖子”在技能提速的同时，加强身体训练，降低体重，确保技能、体能双提速。三是比拼操作细节，

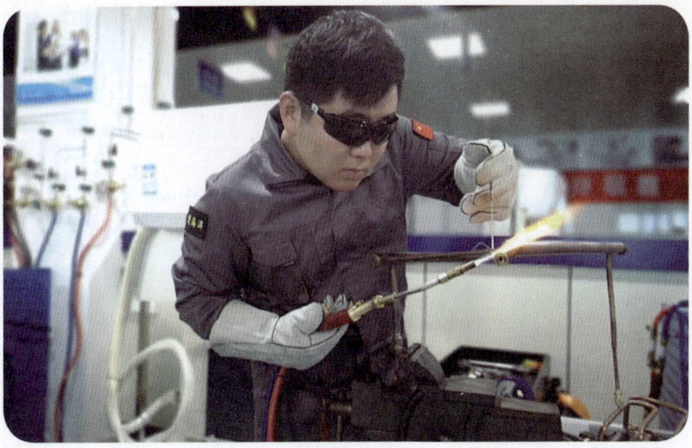

整个流程要精准、细致。在世界技能大赛山东省选拔赛上，楚海洋在第一轮比赛中取得了第二名，就是输在了细节上。第一轮失利，并没有影响到楚海洋的情绪，这个小伙子就是这样“抗击打”。他在第二轮比赛中改掉之前的缺点，重视每一个细节，以高分获得第一名。“细节决定成败”，细节可不是一朝一夕能磨炼出来的，是要经过上千次上万次的磨炼，才能塑造成功，而上千次上万次的磨炼需要毅力，需要恒心，更需要吃苦精神。楚海洋每天早上7点到达实训室，一直到晚上9点半才收工，节假日和周末也是如此，从未间断。每天不间断的训练，让他的手不但磨出了茧子，手腕都要在晚上贴上膏药。在这么枯燥的训练环境中，楚海洋没有一丝怨言，问他苦不苦，他就嘿嘿一笑。这笑容是他日夜努力的自然流露；这笑容是他表现自信的最好诠释；这笑容是他迈向远大征程的最好陪伴……我们也能切实感受到这个小伙子以赛代练、以赛促学、不断提升。比赛锻炼了楚海洋，比赛完善了楚海洋，更是比赛成就了楚海洋。这个小伙子就这样稳打稳扎，在争取国家集训队资格的道路上越走越近。楚海洋说：“在更好地平台上才能看到更高层次的选手，才能更好地历练自己。”

梦想从这里启航，楚海洋从一个莘莘学子成长为大国工匠的蝶变之路还很长，但他会一如既往地用青春和热血，向着自己的理想和希望，向着俄罗斯喀山，一步一个脚印稳步前进。正像他的名字一样，他将在浩瀚无垠的海洋中储备世界一流的技能，练就世界水平的技艺，成就自己的蓝色梦想。我们祝福也盼望着楚海洋能早日成为大国工匠，成为世界人才，为祖国争光，为海校争光。

小知识

世界技能大赛每两年举办一届，是当今世界地位最高、规模最大、影响力最大的职业技能竞赛，被誉为“技能界的奥林匹克”，其竞赛理念、技术标准、比赛规则、工作流程和组织方式代表了当今世界职业技能领域的最高水平。第45届世界技能大赛将于2019年8月22日在俄罗斯喀山举办。随着上海成功申办2021年第46届世界技能大赛，我们相信“工匠精神”“技工光荣”会得到社会高度认同，未来新蓝领工匠将受到社会普遍尊重！

小动作

两只胳膊在胸前伸直，两手交叉，掌心相对，翻转手腕，将两个食指放在鼻子两侧，食指在鼻翼两侧不动，交叉两手分开。（两手交叉时，要把左手放在右手之上，最后才能归位。聪明的你，能做到吗？请试一试。）

案例 7

雏鹰展翅傲苍穹

孙启泽，男，青岛莱西市人，毕业于青岛海洋技师学院数控加工专业。在校期间学习刻苦努力，多次获得奖学金。

2012年9月，获得山东省第四届技工院校数控设备装调维修技能大赛第二名，省内二等奖。

2012年12月，全国第四届技工院校数控设备装调与维修技能大赛第十名，荣获国家三等奖和雏鹰奖。

2013年4月，取得数控机床装调维修工技师执业资格等级证书。

2014年以优异成绩毕业，任职一家外企，从事工程技术工作。

初见孙启泽，只见他浅浅的微笑挂在脸上，炯炯有神的大眼睛透着机灵与坚毅，待人谦和却不失幽默，让人对眼前这个“大男孩”充满好奇。面对我们的问题，他的回答淳朴、自然，又不时透露着坚定与自信……

“还记得刚入校时的情景吗？当时的心态是怎么样的？”我们首先从职业工种谈起。

“刚刚入校怀着好奇与激动的心情看待周围的一切，对中职校园生活也充满了期待。开始不太明白什么是车工，入学后通过认知实习、老师的讲解和介绍，知道车工就是利用车床进行各种零部件切削加工的操作者。机械加工中60%以上的生产任务要靠车工完成，可谓是一个万能的工种、神奇的工种。于是我很快喜欢上了这个工种。”孙启泽非常专业地回答着我们。

“都知道入学的第一训即军训，对军训你有什么记忆深刻的人和事吗？”军训是新生入学第一课，对学生也是一个考验。

“记忆深刻的事情有很多，比如对宿舍的要求，被子都要整齐地叠成‘豆腐块’，牙杯、牙刷、脸盆、毛巾等物品都要摆在规定的地方，总的要求就是四个字‘整齐划一’，没有规矩无以成方圆嘛！对宿舍的要求，让我学会了自律，在烈日下的军训，让我懂得了坚持。”

"我看过一个材料：1978年75位诺贝尔奖获得者聚集巴黎，记者问他们是在哪里学到了自己认为最重要的东西？白发苍苍的学者出人意料地回答，在幼儿园。记者又问，在幼儿园学到了什么？学者回答：比如，把自己的东西分一半给小伙伴们，不是自己的东西不要拿，东西要放整齐；饭前要洗手；午饭后要休息；做了错事要表示歉意；自己的事情自己做；学习要多思考，要仔细观察大自然。这个故事给我留下深刻印象，做好军训就走好了入校学习的第一步。"孙启泽对军训的认识让我们看到了他的成熟。

"当学习进入正轨之后，你是怎么来安排你的学习的呢？见到车床的感受是什么？"

"不断地挑战自己，尝试以前没有做过的许许多多的'第一次'；享受经过努力后取得优异成绩的喜悦感；与同学在一起共同奋斗、玩耍的日子等都是校园中美好的回忆。不论学习还是工作，正是不断的拼搏才做到了最好的自己。我见到车床觉得它将是我很好的帮手，选择一项技能就意味着选择一种生活方式，技能不仅仅是谋生的手段，更是一个职业共同体的信仰。"孙启泽充满自信地回答。

"在校期间参加过社团吗？"

"怕耽误学习没有参加社团，片面地以为社团跟技能没有关系。不过现在想想没有加入社团还是有些后悔的。其实学习和这些工作并不冲突，简单来说就是提高效率，当然社团工作不能成为旷课和不写作业的借口，也不能因为学习推卸社团工作上的责任。要学会合理安排时间，在有限的时间内，高效地、认真地完成每项任务，你会发现其实鱼和熊掌可以兼得。有些事，在你走过之后，再回头看看会更清晰一些。"

"在空闲时间你是怎么来利用时间的呢？"

"听听喜欢的音乐，到最近的图书馆、博物馆逛逛，打打篮球，玩玩游戏，跟同学一起逛青岛的各个风景区，品尝美食……课余时间看一些专业书籍，个人觉得读书会使人自信，会看像《中国高技能人才楷模事迹读本》这样的书，这对自己也是一种激励。"

"觉得自己与别的同学相比较，你最大优势在哪儿？"

"无论是上学还是工作，我和别的同学最大的区别就是我收获到了很多人的信任。这份信任可能不只是源自同学，也源自很多老师，其中有一些信任是自己努力得到的。我肯动脑，对专业有了兴趣，就会投入和关注，关注才会发现问题，想办法解决问题。正因为有这么多的信任才让我的校园生活变得与众不同，有机会参加了全国技工院校技能大赛，我到现在都很感激这些能给予我信任的人。”

“你是学校的榜样，是优秀的技能人才，可是优秀与否的标准却不是很明确，你是怎么去区别‘优秀’和‘不优秀’这两者之间的区别的？”

“在学校把老师传授的知识真正地理解好，在工作中用自己的勤奋、热情、执着和钻研来诠释对称职、敬业的理解。技术好，肯动脑，总之就是把简单的事做好，你就不简单，把平凡的事做好，你就不平凡。优秀和不优秀就是努力与不努力、坚持与不坚持的区别吧。”

“你对自己怎么看？为自己的学校生活表现打分，如果满分是100分，你会打多少分？”

“我的校园生活比较平凡、普通，只是尽力做好学习上的事，所以给自己打80分吧。没有加入什么社团，没有培养其他兴趣，感觉到一点儿遗憾。”

“你对现在的工作满意吗？”

“工作没有满意不满意，都是自己的职责。机会总是青睐有准备的人。无论你现在工作如何，只要努力用心去做，你总会发现你有很多优势，那么这些优势将来会成为你成功的前提。我2014年毕业，这四五年间也换了很多工作岗位，跑过售后，去过很多城市，也曾在异地发展过，看过很多风景……总之，无论你在何地参加什么样的工作，学习是很重要的，因为知识将会是你们成功的阶梯。”

“有没有想念学校的生活？工作和校园生活有什么区别吗？”

“特别想念学校的生活，校园的生活是我们人生当中最美好的时光。在校园里我们可以无忧无虑地学习，不用想那些生活当中的麻烦事，不用顾忌生活当中的艰难。在校园里，留下了脚印，放飞了理想，挥洒了汗水，收成了果实，带走了成熟，留下了回忆。职场和校园完全是不同的两个世界，工作中我们会学到更多的知识，但是工作里会有更多需要解决的问题，还有更多的人事关系需要处理，所以我认为相比校园生活，职场会更难。”

“你认为的“工匠精神”是什么？”

“工作以后对“工匠精神”有了更深刻的理解，‘工匠’代表一个时代的气质，与坚定、踏实、追求完美相连。发扬“工匠精神”，不但要刻苦实践，刻苦钻研，自身还要具备与时俱进的时代意识，彰显智慧的创造能力，以及掌握一定技术含量的技能。说得更通俗一点就是一心一意做好一件事。”

“最后想对读到这篇文章的学弟学妹说点什么？”

“学历不是成功的障碍，‘不学’才是成功的障碍，在书本和知识面前人人平等，谁要去学，它都不会拒绝。选择了技工院校，就选择了技术人生，就选择了在技术面前公平赛跑的辉煌平台。为掌握技能而努力学习钻研，努力拼搏，创出成果，就能很好地实现人生价值。把握好现在的时光，趁着年轻要努力学习，在学校里不要磨灭掉自己个性，更要多学一点技能。最后也送给学弟学妹一句话：脚踏实地做人，全力以赴做事。”

小幽默

爸爸可以省钱了

“爸爸，你可以省钱了！”

“省什么钱？孩子。”

“今年你不用再花钱给我买课本了，我已经留级了！”

小知识

如果嘴里有溃疡，就用维生素C贴在溃疡处，等它溶化后溃疡基本就好了。

小故事

瓦特是一个智慧非凡的孩子，他勤奋好学，勇于探索，对发明创造很感兴趣。有一天，父亲的朋友前来做客，正好看到小瓦特坐在炉子旁边发呆，手里拿着笔和纸，地上有许多画过的图。他好心地说：“小瓦特应该上学了，别光在家用玩耍来打发宝贵时光了。”父亲莞尔一笑，说：“谢谢你，我的朋友。不过，你还是看看我的儿子在玩什么吧……”原来，小瓦特在设计各种各样的玩具，还画了许多图样，这年小瓦特刚好六岁，客人吃惊地说：“这孩子真了不起！”

又有一次，家里人全出去了，只留下瓦特一个人看门。他呆呆地看着炉子上烧水的茶壶。水快烧开了，壶盖被蒸汽顶起来，一上一下地掀动着……他想：这蒸气的力量好大啊。如果能制造一个更大的炉子，再用大锅炉烧开水，那产生的水蒸气肯定会比这个大几十倍、几百倍。用它来做各种机械的动力，不是可以代替许多人力吗？这就是后来人们传说中的“瓦特发明蒸汽机”的故事。

案例 8

敢为人先

2015年2月27日，《青岛早报》的一条新闻引起了市民的关注，同时各新闻媒体也竞相做出报道：亚洲最大远洋捕捞船——“明开”号远洋拖网加工渔船在青岛起航，远赴南极开展磷虾捕鱼。

“明开”号远洋拖网加工渔船是德国制造的，由青岛市远洋捕捞有限公司花费近5000万美元从英国购进，是目前亚洲最大的远洋捕捞船，具备在南极捕捞磷虾和冰鱼的能力。目前，国内具有到南极捕捞磷虾能力的远洋渔船总共有8艘，其余7艘都属于国有企业。“明开”号是青岛市唯一一艘具备到南极捕捞能力的远洋捕捞船，也是国内唯一一艘属于民企的远洋捕捞船，吨位达7765吨，捕捞装载量达到2600吨，日捕捞量最高可达到300吨，加工量可达到200吨，一年的总捕捞量可达2.6万吨，毛利润将在2亿元人民币左右。

“明开”号船长120余米、宽20余米、高41米，是目前亚洲最大的远洋捕捞船。在捕捞作业时，会放下周长达1440米的巨型捕捞网，由两个重达4.8吨的巨型钢铁支架把渔网撑开，形成一个宽120米、高60米的椭圆形网口，在海底进行拖网作业。捕捞网需要由8到10个人同时下网，下网后，由机械进行操作。由于“明开”号具备极强的抗风能力，即使是海上10级大风，也可以照常作业。

这艘船的主人就是青岛市远洋捕捞有限公司总裁杜祥旭。杜祥旭——俊财公司的创始人、青岛市远洋捕捞有限公司总裁，青岛海洋技师学院97级远洋轮机班优秀毕业生。

1995年8月，莱西一中毕业后，杜祥旭怀揣蓝色梦想，与王浩等同学来到青岛海洋技术学校学习，简易的校舍阻挡不住他学习的热情，低矮的楼房更激发了他远大的理想。三年后，他以优异成绩毕业，满怀豪情，扬帆海洋。四年的大海生活进一步激发了他创业的斗志、包袱的施展。2001年，杜祥旭与王浩等多名同学共同组建创立了青岛俊财国际船舶管理有限公司，该公司主要为国内外提供船舶管理、船舶维修、物资供应、外轮代理、码头租赁、船员劳务输出等服务。2006年又创办了青岛小港湾大酒店。30岁刚出头他便拥有2家公司，取得让人羡慕的成就，但是他不满足，大海中的生活让他拥有大海的气魄和胸怀，他要走向大海，追逐蓝色梦想。顺应国家海洋强国战略，2013年5月，他与时俱进，创建青岛市远洋捕捞有限公司，开展远洋渔业捕捞及加工、货物及技术进出口、批发零售水产品等业务，“明开”号远洋拖网加工渔船就是公司主要船舶之一。

“现在我以学校为荣，将来学校以我为荣”，这是20世纪90年代学校激励学生励志名言。毕业20年来，杜祥旭带领海校十几名学生创立了多家公司，先后从母校录用了200多名海上相关专业毕业生。

创新是一个民族进步的灵魂，是一个国家兴旺发达的不竭动力。杜祥旭带领的创业团队创新进取、勇攀高峰，为我国远洋运输和远洋渔业做出了突出贡献，他们用自己行动和成功诠释了“工匠精神”的时代内涵。

小制作：喷汽艇

制作材料：眼药瓶（或蜂王浆药瓶）1支，易拉罐1只，薄铁片1块，铁丝若干，蜡烛1支。

制作方法：

1. 取一个易拉罐，从下向上一分为二截开做喷汽艇主体。

2. 将眼药瓶大瓶口用软木塞重新塞好，弯两根细铁丝做成药瓶的支架，底部直接插在舰艇身上，其高低以瓶下能放短蜡烛，并能正常加热为准，将药瓶放置在瓶架上，使小口朝后。

3. 用薄铁皮剪成舵插艇尾下部，改变其角度可影响艇的行驶方向。

4. 将水注入药瓶中，以水达到瓶内1／3容量为宜。

5. 用短蜡烛加热瓶中的水，待有蒸汽喷出后，将艇放于水面，汽艇则可快速行驶。

手脑相长（节选，有改动）

——陶行知

我本来无产阶级出身，后来出洋回来渐渐变成了中产阶级中人。现在却由中产阶级渐渐地流落到无产阶级了。所以我对于中产阶级与无产阶级的情形都知道一点。我有一种信仰和决心：不要从中产阶级爬上去，而要爬下来。

我为什么要走这一条路？可把我的一段历史来简单说一说：我在中产阶级登峰造极的时候，就是当中华文化教育基金委员会的干事，每月有四百元薪水、一百元公费。当时我家里的几个小孩子一起变成了少爷，没有小姐，因为我没有女孩子。他们添饭有人，铺床叠被也有人。我小时候尚做些事，而他们现在一些事不做，将来大的时候不得了。慢慢享福惯了害我自己是小事，害这些小孩子是不得了的。因老妈子和佣人把我们小孩子的手变坏了，成了无用的手；把我的小孩子的脚也变坏了，成了无用的脚。小时候不能动手用脚，大的时候当然万事要别人做；小的时候做惯少爷，大的时候当然做老爷。

我以为世界上最有贡献的人只有一种，就是头脑能指挥手去行动的人。中国都是用头脑的人不用手，用手的人不用头脑。年成虽好，农民生计仍很苦，这因为他们的头脑不会去想。一般人读书都是读死书，死读书，读书死。日本人打进来了，我们只会喊口号。可是我们干了几十年，到现在所用的电灯，所坐的汽车，都是外国人做的。我们自己不会造出来，这是什么缘故？书呆子不会去干科学的事业，因他不用手去试验，不用手去创造。一定要四万万人用手推动机器，才能把国家创造起来。头脑帮手生长，手帮头脑生长。

中国有两种病。一种是“软手软脚病”，一种是“笨头笨脑病”。害“软手软脚病”的人，便是读书人，他的头脑定靠不住，是呆头呆脑的。而一般工人农民都是害的“笨头笨脑病”，所以都是粗手粗脚。一个人要有贡献于社会一定要手与脑缔结大同盟。然后，可以创造，可以发明，可以建设国家。老妈子和佣人天天替代我的小孩子的手，使他们的手都变成无用的手，故我决心把五百元一月的干事职位不要了，去当一百元一月的校长。我们学校里没有一个听差，没有一个斋夫，各事都是学生自己干。

我写了首歌勉励学生：“滴自己的汗，吃自己的饭；自己的事自己干。靠人靠天靠祖上，不算是好汉！”

我们学校里没有听差，结果很好。男学生挑水烧饭，女学生倒马桶。饭是很好吃，为什么马桶不好倒？当那女学生初来投考我们的学校，我先要问她一声，愿意不愿意倒马桶？愿意倒马桶的来学。虽然倒马桶不能救国，但是它的进一步的意思很深。能倒马桶，小姐的架子打破了！她的一双手拿出来了，将来会玩出比外国更好的电灯出来，会玩出比外国更好的汽车出来，会玩出比外国更好的飞机出来。

至于各种人的手，如穿马褂子的人的一双手都缩拢在袖管里面；穿西装的人的双手都插在裤袋里；老先生的一双手指甲留得长长，成一种曲线美，双手镶在袖管里；女学生的一双手都用手套子套了起来。……这样的女国民，能与日本去奋斗吗？多个人穿高跟皮鞋，就是少一个人去奋斗。要解放脚，非打倒高跟皮鞋不可。要解放手，非打倒手套不可。

新近我写了首歌，知道的人已很多了。现在再来背一下：“人生两个宝，双手与大脑。用脑不用手，快要被打倒。用手不用脑，饭都吃不饱。手脑都会用，方是开天辟地的大好佬。”

……

脑与手没有力量，因血脉不相联通。我下了两帖药，叫它们的血脉联通起来。第一帖药名叫“脑化手”，使人人都有脑筋变化过的手。还有一帖名字叫“手化脑”，就是一面用手，一面要有思想。手做了工，脑筋就变化了。

……

脑筋与手联合起来，才可产生力量，把“弱”与“愚”都可去掉。西洋人的耳朵只听得进一个字，就是“力”字。你有力，他们听你；你没有力，他们不听你。

现在，我还有四句话要说，就是：“不愿做工的，不配吃饭；不愿抵抗的，不算好汉。”